曾國藩家書精選

〔清〕曾國藩 著
曾學文 選編

廣陵書社
中國·揚州

圖書在版編目（CIP）數據

曾國藩家書精選 / (清) 曾國藩著 ; 曾學文選編
. -- 揚州 : 廣陵書社, 2023.3
(國學經典叢書)
ISBN 978-7-5554-2042-2

Ⅰ. ①曾… Ⅱ. ①曾… ②曾… Ⅲ. ①曾國藩（1811-1872）－書信集 Ⅳ. ①K827=52

中國國家版本館CIP數據核字(2023)第019532號

書　　名　曾國藩家書精選
著　　者　〔清〕曾國藩
選　　編　曾學文
責任編輯　胡　珍
出 版 人　曾學文
裝幀設計　鴻儒文軒

出版發行　廣陵書社
揚州市四望亭路 2-4 號　郵編：225001
(0514) 85228081（總編辦）85228088（發行部）
http://www.yzglpub.com　E-mail：yzglss@163.com

印　　刷　三河市華東印刷有限公司

開　　本　880 毫米 ×1230 毫米　1/32
印　　張　6
字　　數　60 千字
版　　次　2023 年 3 月第 1 版
印　　次　2023 年 3 月第 1 次印刷
標準書號　ISBN 978-7-5554-2042-2
定　　價　38.00 圓

編輯説明

自上世紀九十年代始，我社陸續編輯出版一套綫裝本中華傳統文化普及讀物，名爲《文華叢書》。編者孜孜矻矻，兀兀窮年，歷經二十載，聚爲上百種，集腋成裘，蔚爲可觀。叢書以内容經典、形式古雅、編校精審，深受讀者歡迎，不少品種已不斷重印，常銷常新。

國學經典，百讀不厭，其中蘊含的生活情趣、生命哲理、人生智慧，以及家國情懷、歷史經驗、宇宙真諦，令人回味無窮，啓迪至深。爲了方便讀者閱讀國學原典，更廣泛地普及傳統文化，特于《文華叢書》基礎上，重加編輯，推出《國學經典叢書》。

本叢書甄選國學之基本典籍，萃精華于一編。以内容言，所選均爲家喻户曉的經典名著，涵蓋經史子集，包羅詩詞文賦、小品蒙書，琳琅滿目；以篇幅言，每種規模不大，或數種彙于一書，便于誦讀；以形式言，採用傳統版式，字大文簡，讀來令人賞心悦目；以編輯言，力求精擇良善版本，細加校勘，注重精讀原文，偶作簡明小注，或酌配古典版畫，體現編輯的匠心。

當下國學典籍的出版方興未艾，品質參差不齊。希望這套我社經年打造的品牌叢書，能爲讀者朋友閲讀經典提供真正的精善讀本。

廣陵書社編輯部

二〇二三年三月

出版説明

曾國藩，字伯涵，號滌生，湖南湘鄉人。生于清嘉慶十六年（一八一一），同治十一年（一八七二）病逝于南京兩江總督任上，終年六十二歲。曾國藩六歲讀書，二十八歲中進士。曾任禮部侍郎，後歷官至兩江、直隸總督，武英殿大學士，封一等毅勇侯。卒贈太傅，謚文正，人稱曾文正公。

曾國藩是中國近代史上地位顯赫而又充滿争議的人物，生前身後，毁譽參半，既有『中興第一名臣』的美譽，又有『漢奸』『劊子手』的駡名，正如民主革命家章太炎所稱：『譽之則爲聖相，讞之則爲元凶。』其令名惡名，都緣于他對太平天國運動的殘酷鎮壓。作爲封建地主官僚的代表人物，曾國藩率湘軍鎮壓太平天國，在當時的客觀形勢下，自然有其正當性，未可一味指責。隨着對太平天國運動的評價趨于客觀，對曾國藩的評價也逐漸恢復了實事求是的標準。曾國藩于洋務運動中的積極貢獻亦爲人稱道，他于一八六一年創辦了中國最早的洋務軍工企業安慶内軍械所，是洋務派的重要代表人物。曾國藩畢生服膺程朱理學，又主張兼取各家之長，認爲義理、考據、經濟、辭章四者不可或缺，而將理學置于首要位置。他于古文、詩詞造詣頗深，被奉爲桐城派後期領袖，所編纂的《經史百家雜鈔》是研習國學的重要入門書。當然，曾國藩一生也經歷了許多挫折與失敗，他在處理天津教案中的表現就常爲人詬病。曾國藩作爲一代中興名臣、道德楷模和學術領袖，可謂德才學識兼備，因而爲近代以來許多人所推崇。

曾國藩的門生故吏遍于晚清朝野，李鴻章自稱『平素最服膺曾文正公』，開口必稱『我老師』。梁啓超于《曾文正公嘉言鈔》序中這樣評價曾國藩：『文正固非有超群絶倫之天才，在并時諸賢杰中，稱最鈍拙；其所遭值事會，亦終身在拂逆之中。然乃立德、立功、立言，三并不朽，所成就震古鑠今而莫與京者，其一生得力在立志，自拔于流俗，而困而知，而勉而行，歷百千艱阻而不挫屈；不求近效，銖積寸累，受之以虚，將之以勤，植之以剛，貞之以恒，帥之以誠，勇猛精進，堅苦卓絶。』十分中肯。青年時代的毛澤東曾説：『吾于近人，獨服曾文正。』這句話近年來常被徵引，説明了毛澤東對他的這位同鄉先賢曾經有很高的評價。蔣介石更是把曾國藩奉爲終生學習的楷模，并親自從《曾國藩家書》中摘録出許多語録，教子習讀，自己也默誦參悟。錢穆在《中國近三百年學術史》中説：『滌生爲晚清中興元勛，然其爲人推敬，則不盡于勛績，而尤在其學業與文章。』曾國藩對近代以來中國知識精英的影響是巨大的。

後人輯録曾國藩所著詩、文、奏章、批牘、日記、家書、家訓等爲《曾文正公全集》。其中流傳至今、影響最大的是其『家書』。《曾國藩家書》内容十分豐富，包括修身養性、爲人處世、交友識人、持家教子、治軍從政等，應有盡有，反映了曾國藩一生的主要活動以及他爲政、爲學、治軍、治家的心得，誦之悟之，大有裨益。

此次所選編的曾國藩家書，主要包括以下幾個方面的内容：一是爲人處世，如談立志，『人苟能自立志，則聖賢豪杰何事不可爲』；

談交友，『須擇志趣遠大者』。二是居家養生，如談居家，不厭其煩地諄諄告誡兒輩應以『孝悌勤儉』爲要，指出『視兒女不可過于嬌貴』；談養生，提倡『清心寡欲以養其内，散步習射以勞其外』，并提出養身五法：『一曰眠食有恒，二曰懲忿，三曰節欲，四曰每夜臨睡洗脚，五曰每日兩飯後各行三千步』。三是讀書作文，言作文最忌平沓，『當求議論縱横，才氣奔放』，并結合自己的經驗，開列必讀書目；又論各家書法特點，指明學書習字的門徑。這些内容，對于現代人的學習修養，仍有積極意義。而對于政治争鬥、軍事得失等内容則儘量不收。書信絶大部分是寫給其兒子及諸弟的。限于篇幅，一般只節録其中對後人有所啓發的部分，而略去了其他，標題亦爲編者所加。

《曾國藩家書》現行版本頗多，此次特選入《國學經典叢書》，希望會受到讀者歡迎。

編者

二〇二三年三月

目録

人之說以為多言編集眾經籍之精以為書
本根之書猶山之幹載也編集之書猶枝載
葉砂也年來無不暇細閱書目
閣下以購書所多多買經史少買後人編
集之書為妥是否有當尚請
台安諸經 心照 國儒 啓
四月廿日上刻

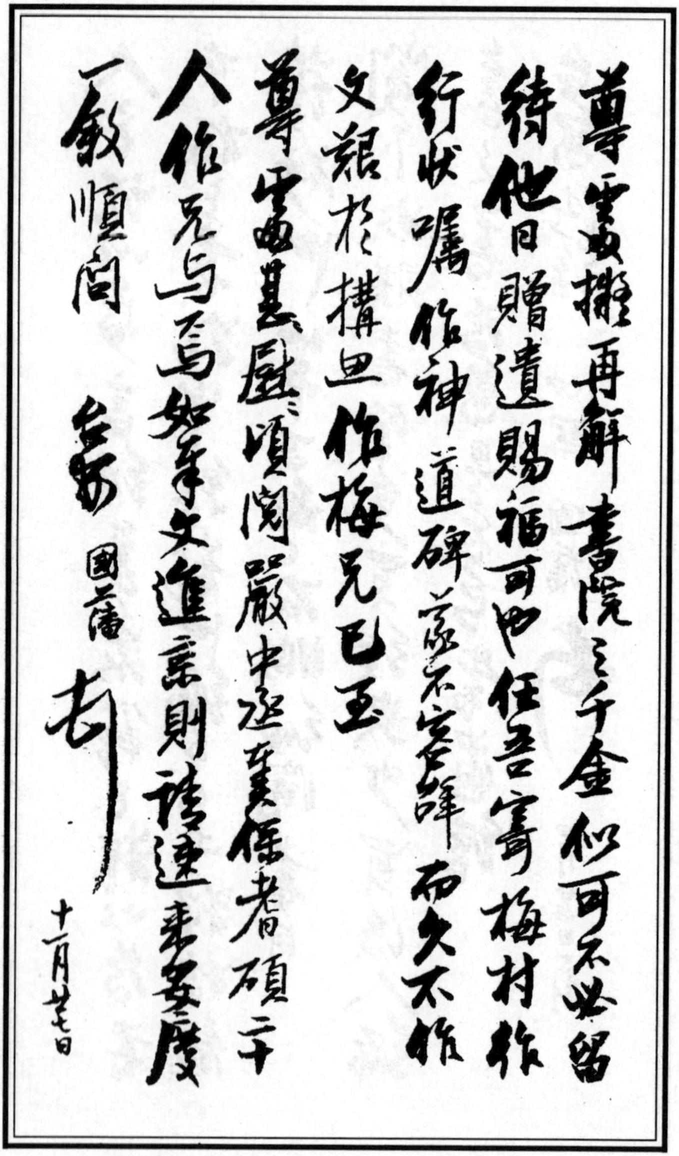
尊處撥再解書院三千金，似可不必留待他日贈遺，賜福可也。任吾寄梅村作行狀，囑作神道碑，茲不宜辭，而久不作文，艱於構思。作梅兄已至尊處，甚慰。頃閱嚴中丞奏保耆碩二十人，作兄與焉，如年丈進京，則請速來安慶一敘。順問台安

國藩 頓首

十一月廿七日

與父母書

道光二十三年正月十七日

家和福自生

夫家和則福自生。若一家之中，兄有言弟無不從，弟有請兄無不應，和氣蒸蒸而家不興者，未之有也；凡是而不敗者，亦未之有也。伏望大人察男之志，即此敬稟叔父大人，恕不另具。六弟將來必爲叔父克家之子，即爲吾族光大門第，可喜也。

與六弟國華、九弟國荃書

道光二十四年三月初十日

與兄弟毫無芥蒂

臘月信有糊塗字樣，亦情之不能禁者。蓋望眼欲穿之時，疑信雜生，怨怒交至。惟骨肉之情愈摯，則望之愈殷；望之愈殷，則責之愈切。度日如年，居室如圜墻，望好音如萬金之獲，聞謡言如風聲鶴唳；又加以堂上之懸思，重以嚴寒之逼人。其不能不出怨言以相詈者，情之至也。然爲兄者觀此二字，則雖曲諒其情，亦不能不責之；非責其情，責其字句之不檢點耳。何芥蒂之有哉！

家道盛衰在乎氣象

諸弟生我十年以後，見諸戚族家皆窮，而我家尚好，以爲本分如此耳，而不知其初皆與我家同盛者也。兄悉見其盛時氣象，而今日零落如此，則大難爲情矣。凡盛衰在氣象，氣象盛則雖飢亦樂，氣象衰則雖飽亦憂。今我家方全盛之時，而賢弟以區區數百金爲極少，不足比數。

……

外附録《五箴》一首、《養身要言》一紙、《求缺齋課程》一紙。

五箴 并序，甲辰春作

少不自立，荏苒遂洎今兹。蓋古人學成之年，而吾碌碌尚如斯也，不其戚矣！繼是以往，人事日紛，德慧日損，下流之赴，抑又可知。夫疢疾所以益智，逸豫所以亡身，僕以中材而履安順，將欲刻苦而自振拔，諒哉其難之與！作《五箴》以自創云。

立志箴

煌煌先哲，彼不猶人。藐焉小子，亦父母之身。

聰明福祿，予我者厚哉！弃天而佚，是及凶灾。

積悔纍千，其終也已。往者不可追，請從今始。

荷道以躬，輿之以言。一息尚活，永矢弗諼。

居敬箴

天地定位，二五胚胎。鼎焉作配，實曰三才。

儼恪齋明，以凝女命。女之不莊，伐生戕性。

誰人可慢？何事可弛？弛事者無成，慢人者反爾。

縱彼不反，亦長吾驕。人則下女，天罰昭昭。

主静箴

齋宿日觀，天鷄一鳴。萬籟俱息，但聞鐘聲。

後有毒蛇，前有猛虎。神定不慴，誰敢余侮？

豈伊避人，日對三軍？我慮則一，彼紛不紛。

馳騖半生，曾不自主。今其老矣，殆擾擾以終古。

謹言箴

巧語悦人，自擾其身。閑言送日，亦攪女神。

解人不誇，誇者不解。道聽途説，智笑愚駭。

駭者終明，謂女實欺。笑者鄙女，雖矢猶疑。

尤悔既叢，銘以自攻。銘而復蹈，嗟女既耄。

有恒箴

自吾識字，百歷洎兹。二十有八載，則無一知。

曩之所忻，閱時而鄙。故者既拋，新者旋徙。

德業之不常，曰爲物牽。爾之再食，曾未聞或愆。

黍黍之增，久乃盈斗。天君司命，敢告馬走。

養身要言 癸卯入蜀道中作

一陽初動處，萬物始生時。不藏怒焉，不宿怨焉。右仁所以養肝也。

內有整齊思慮，外而敬慎威儀。泰而不驕，威而不猛。右禮所以養心也。

飲食有節，起居有常。作事有恒，容止有定。右信所以養脾也。

擴然而大公，物來而順應。裁之吾心而安，揆之天理而順。右義所以養肺也。

心欲其定，氣欲其定，神欲其定，體欲其定。右智所以養腎也。

求缺齋課程 癸卯孟夏立

讀熟讀書十葉。看應看書十葉。習字一百。數息百八。記過隙影。記茶餘偶談一則。右每日課。

逢三日寫回信。逢八日作詩、古文一藝。右月課。

熟讀書：《易經》、《詩經》、《史記》、《明史》、《屈子》、《莊子》、杜詩、韓文。

應看書不具載。

與諸弟書

道光二十四年五月十二日

作文當求議論縱横、才氣奔放

五月十一日接到四月十三家信，内四弟、六弟各文二首，九弟、季弟各文一首。四弟東臯課文甚潔净，詩亦穩妥，『則何以哉』一篇亦清順有法，第詞句多不圓足，筆亦平沓不超脱。平沓最爲文家所忌，宜力求痛改此病。六弟筆氣爽利，近亦漸就範圍。然詞意平庸，無才氣峥嶸之處，非吾意中之温甫也。如六弟之天姿不凡，此時作文，當求議論縱横、才氣奔放，作爲如火如荼之文，將來庶有成就。不然一挑半剔，意淺調卑，即使獲售，亦當自慚其文之淺薄不堪。若其不售，則又兩失之矣。

孝弟爲瑞，文章不朽

温甫以世家之子弟，負過人之姿質，即使終不入泮，尚不至于飢餓，奈何亦以考卷誤終身也？九弟要余改文詳批，余實不善改小考文，當請曹西垣代改，下次摺弁付回。季弟文氣清爽异常，喜出望外；意亦層出不窮。以後務求才情横溢，氣勢充暢，切不可挑剔敷衍，安于庸陋。勉之勉之！初基不可不大也。書法亦有褚字筆意，尤爲可喜！總之，吾所望于諸弟者，不在科名之有無，第一則孝弟爲瑞，其次則文章不朽。諸弟若果能自立，當務其大者遠者，毋徒汲汲于進學也。

與諸弟書

道光二十四年九月十九日

人貴立志，無事不成

九弟前信有意與劉霞仙同伴讀書，此意甚佳。霞仙近來讀朱子書大有所見，不知其言語容止、規模氣象何如？若果言動有禮，威儀可則，則直以爲師可也，豈特友之哉！然與之同居，亦須真能取益乃佳，無徒浮慕虛名。人苟能自立志，則聖賢豪杰何事不可爲？何必藉助于人！『我欲仁，斯仁至矣。』我欲爲孔孟，則日夜孜孜，惟孔孟之是學，人誰得而禦我哉？若自己不立志，則雖日與堯舜禹湯同住，亦彼自彼，我自我矣，何與于我哉！

與諸弟書

道光二十四年十二月十八日

姻親不能有宦家驕奢習氣

女子無才便是德，此語不誣也。常家欲與我結婚，我所以不願者，因聞常世兄最好恃父勢作威福，衣服鮮明，僕從烜赫，恐其家女子有宦家驕奢習氣，亂我家規，誘我子弟好佚耳。今渠再三要結婚，發甲五八字去。

恐渠家是要與我爲親家，非欲與弟爲親家。此語不可不明告之。賢弟婚事，我不敢作主，但親家爲人何如，亦須向汪三處查明。若吃鴉片烟，則萬不可對；若無此事，則聽堂上各大人與弟自主之可也。所謂翰堂秀才者，其父子皆不宜親近，我曾見過，想衡陽人亦有知之者。

若要對親，或另請媒人亦可。六弟九月之信，于自己近來弊病頗能自知，正好用功自醫，而猶曰『終日泄泄』，此則我所不解者也。

安心功課，與人爲善

家中之事，弟不必管。天破了自有女媧管，洪水大了自有禹王管，家事有堂上大人管，外事有我管，弟只安心自管功課而已，何必問其他哉？至于宗族姻黨，無論他與我家有隙無隙，在弟輩只宜一概愛之敬之。孔子曰『泛愛衆而親仁』，孟子曰『愛人不親反其仁』『禮人不答反其敬』。此刻未理家事，若便多生嫌怨，將來當家立業，豈不個個都是仇人？古來無與宗族鄉黨爲仇之聖賢，弟輩萬不可專責他人也。

與諸弟書

道光二十五年二月初一日

勤思善問，立志有恒

送王五詩第二首，弟不能解，數千里致書來問。此極虛心，余得信甚喜。若事事勤思善問，何患不一日千里？茲另紙寫明寄回。家塾讀書，余明知非諸弟所甚願，然近處實無名師可從。省城如陳堯農、羅羅山皆可謂明師，而六弟、九弟又不善求益；且住省二年，詩文與字皆無大長進。如今我雖欲再言，堂上大人亦必不肯聽。不如安分耐煩，寂處里閭，無師無友，挺然特立，作第一等人物。此則我之所期于諸弟者也。

昔婺源汪雙池先生一貧如洗，三十以前在窑上爲人傭工畫碗，三十以後讀書，訓蒙到老，終身不應科舉。卒著書百餘卷，爲本朝有數名儒。彼何嘗有師友哉？又何嘗出里閭哉？余所望于諸弟者，如是而已，然總不出乎『立志有恒』四字之外也。

與諸弟書

道光二十五年三月初五日

學詩須精讀一家專集

九弟詩大進，讀之爲之距躍三百，即和四章寄回。樹堂、筠仙、意誠三君，皆各有和章。詩之爲道，各人門徑不同，難執一己之成見以概論。吾前教四弟學袁簡齋，以四弟筆情與袁相近也。今觀九弟筆情，則與元遺山相近。吾教諸弟學詩無別法，但須看一家之專集，不可讀選本，以汩没性靈。至要至要！

吾于五七古學杜、韓，五七律學杜，此二家無一字不細看。外此則古詩學蘇、黄，律詩學義山，此三家亦無一字不看。五家之外，則用功淺矣。我之門徑如此，諸弟或從我行，或别尋門徑，隨人性之所近而爲之可耳。

余近來事極繁，然無日不看書，今年已批韓詩一部，正月十八批畢。現在批《史記》已三分之二，大約四月可批完。諸弟所看書，望詳示。鄰里有事，亦望示知。

與諸弟書

道光二十七年九月初十日

自升官後，時時戰兢惕懼

呈請晉封，仍須覃恩之年。辛亥年是皇上七旬萬壽，大約可以請晉封祖父母、父母，并可貤封叔父母，且可誥贈曾祖父母矣。然使身不加修，學不加進，而濫受天恩，徒覺愧悚。故兄自升官後，時時戰兢惕懼。

近來身體甚好，耳又微聾。甲三讀書，先生極好，嚴而且勤，教書亦極得法。長女上《論》將讀畢矣。温甫國子監應課已經補班。寓中眷口俱平順。荆七現又收在我家，于門上跟班之外，多用一人，以充買辦行走之用，即以荆七補缺，甚爲勝任。渠亦如士會還朝、蘇武返漢，欣幸之至。四弟可告知渠家也。

與諸弟書

道光二十九年三月二十一日

兄弟之間，直言相誠

温弟在省所發書，因聞澄弟之計，而我不爲揭破，一時氣忿，故語多激切不平之詞。予正月復温弟一書，將前後所聞温弟之行，不得已稟告堂上，及澄弟、植弟不敢稟告而誤用詭計之故一概揭破。温弟驟看此書，未免恨我，然兄弟之間，一言欺詐，終不可久。盡行揭破，雖目前嫌其太直，而日久終能相諒。

現在澄弟書來，言温弟鼎力辦事，甚至一夜不寐，又不辭勞，又耐得煩云云。我聞之歡喜之至，感激之至。温弟天分本高，若能改去蕩佚一路，歸入勤儉一邊，則兄弟之幸也，合家之福也。

我待温弟似乎近于嚴刻，然我自問此心，尚覺無愧于兄弟者，蓋有説焉。大凡做官的人，往往厚于妻子而薄于兄弟，私肥于一家而刻薄于親戚族黨。予自三十歲以來，即以做官發財爲可耻，以宦囊積金遺子孫爲可羞可恨，故私心立誓，總不靠做官發財以遺後人。神明鑒臨，予不食言。此時侍奉高堂，每年僅寄些須，以爲甘旨之佐。族戚中之窮者，亦即每年各分少許，以盡吾區區之意。

與諸弟書

道光三十年正月初九日

做光明磊落之人

廟山上金叔不知爲何事而可取騰七之數？若非道義可得者，則不可輕易受此。要做好人，第一要在此處下手，能令鬼服神欽，則自然識日進氣日剛。否則，不覺墮入卑污一流，必有被人看不起之日，不可不慎！諸弟現處極好之時，家事有我一人擔當，正好做個光明磊落神欽鬼服之人，名聲既出，信義既著，隨便答言，無事不成，不必愛此小便宜也。

與父母書

道光三十年三月三十日

合家平安，不勝歡喜

二十九日申刻，接到大人二月二十一日手示，内六弟一信、九弟二十六之信，并六弟與他之信一并付來。知堂上四位老人康健如常，合家平安，父母親大人俯允來京。男等内外不勝欣喜！手諭云『起程要待潢男秋冬兩季歸，明年二月潢男仍送兩大人進京』云云，男等敬謹從命。叔父一二年内既不肯來，男等亦不敢强。潢男歸家，或九月，或十月，容再定妥。男等内外及兩孫、孫女皆好，堂上老人不必懸念。餘俟續稟。

與諸弟書

謹慎謙虛，時時省惕

咸豐四年九月十三日

兄署湖北巡撫，并賞戴花翎。兄意母喪未除，斷不敢受官職。若一經受職，則二年來之苦心孤詣，似全爲博取高官美職，何以對吾母于地下？何以對宗族鄉黨？方寸之地，何以自安？是以決計具摺辭謝，想諸弟亦必以爲然也。

功名之地，自古難居，兄以在籍之官，募勇造船，成此一番事業。其名震一時，自不待言。人之好名，誰不如我？我有美名，則人必有受不美之名與雖美而遠不能及之名者。相形之際，蓋難爲情。兄惟謹慎謙虛，時時省惕而已。若仗聖主之威福，能速將江面肅清，蕩平此賊，兄決意奏請回籍，事奉吾父，改葬吾母，久或三年，暫或一年，亦足稍慰區區之心，但未知聖意果能俯從否？

諸弟在家，總宜教子侄守勤敬。吾在外既有權勢，則家中子弟最易流于驕，流于佚，二字皆敗家之道也。萬望諸弟刻刻留心，勿使後輩近于此二字。至要至要！

與諸弟書

咸豐四年十一月初七日、二十三夜

家中不可過于寬裕

茲因魏蔭亭親家還鄉之便，付去銀一百兩，爲家中卒歲之資。以三分計之。新屋人多，取其二以供用；老屋人少，取其一以供用。外五十兩一封，以送親族各家，即往年在京寄回之舊例也。以後我家光景略好，此項斷不可缺，家中却不可過于寬裕。處此亂世，愈窮愈好。我現在軍中，聲名極好。所過之處，百姓爆竹焚香跪迎，送錢米猪羊來犒軍者絡繹不絕。以祖宗纍世之厚德，使我一人食此隆報，享此榮名，寸心兢兢，且愧且慎。現在但願官階不再進，虛名不再張，常葆此以無咎，即是持身守家之道。至軍事之成敗利鈍，此關乎國家之福，吾惟力盡人事，不敢存絲毫僥幸之心。諸弟稟告堂上大人，不必懸念。

蔭亭歸，余寄百五十金還家，以五十周濟親族，此百金恐尚不敷家用。軍中銀錢，余不敢妄取絲毫也。名者，造物所珍重愛惜，不輕以予人者。余德薄能鮮，而享天下之大名，雖由高曾祖父纍世積德所致，而自問總覺不稱，故不敢稍涉驕奢。家中自父親、叔父奉養宜隆外，凡諸弟及吾妻吾子吾侄吾諸女侄女輩，概願儉于自奉，不可倚勢驕人。古人謂無實而享大名者，必有奇禍。吾常常以此儆懼，故不能不詳告賢弟，尤望賢弟時時教戒吾子吾侄也。

與諸弟書

咸豐五年三月二十日

義理尚未甚通，不可致書誤人子弟

近日吾鄉人心慌亂否？去年遷避，終非善策。如賊竄上游岳、常等處，謠言四起，總以安居不遷爲是。季洪弟盡可不必教書，宜在家中讀書。文理尚未甚通，不可誤人子弟。去年季弟帶兵在益陽等處，所出告示，人有傳以爲笑者。筆墨之間，不可不慎。沅弟要方望溪、姚姬傳文集，霞仙已代爲買得，可用心細看。能閱過一遍，通加圈點，自不患不長進也。

紀澤兒記性極平常，不必力求讀書背誦，但宜常看生書。講解數遍，自然有益。八股文、試帖詩皆非今日之急務，盡可不看不作。至要至要！兒子史鑒略熟，宜因而加功，看朱子《綱目》一遍爲要。紀鴻兒亦不必讀八股文，徒費時日，實無益也。修身齊家之道，無過陳文恭公《五種遺規》一書，諸弟與兒侄輩皆宜常常閱看。

與諸弟書

咸豐五年四月初八日

于『忍氣』二字加倍用功

凌問樵來，接澄弟信，知勇劫糧臺事辦有頭緒，澄弟已歸去矣。甚慰甚慰！當此亂世，黑白顛倒，辦事萬難，賢弟宜藏之深山，不宜輕出門一步。澄弟去年三月在省河告歸之時，毅然決絶，吾意其戢影家園，足迹不履城市矣。此次一出，實不可解。以後務須隱遁，無論外間何事，一概不可與聞。即家中偶遇横逆之來，亦當再三隱忍，勿與計較。吾近來在外，于『忍氣』二字加倍用功。若仗皇上天威，此事稍有了息之期，吾必杜門養疾，不願聞官事也。

與諸弟書

咸豐六年二月初八日

孝敬温和，婦道之要

紀澤兒定三月二十一日成婚。招贅之後，七日即回湘鄉，尚不爲久。諸事總須節省，新婦入門之日，請客亦不宜多。何者宜豐，何者宜儉，總求父大人定酌之。

紀澤兒授室太早，經書尚未讀畢。上溯江太夫人來嬪之年，吾父亦係十八歲，然常就外傅讀書，未久耽擱。紀澤上繩祖武，亦宜速就外傅，慎無虛度光陰。聞賀夫人博通經史，深明禮法。紀澤至岳家，須緘默寡言，循循規矩。其應行儀節，宜詳問諳習，無臨時忙亂，爲岳母所鄙笑。少庚處，以兄禮事之。此外若見各家同輩，宜格外謙謹，如見尊長之禮。

新婦始至吾家，教以勤儉，紡績以事縫紉，下廚以議酒食。此二者，婦職之最要者也。孝敬以奉長上，溫和以待同輩。此二者，婦道之最要者也。但須教之以漸。渠係富貴子女，未習勞苦，由漸而習，則日變月化，而遷善不知；若改之太驟，則難期有恒。凡此，祈諸弟一一告之。

致紀鴻兒

咸豐六年九月二十九夜

讀書明理，勤儉自持

家中人來營者，多稱爾舉止大方，余爲少慰。凡人多望子孫爲大官，余不願爲大官，但願爲讀書明理之君子。勤儉自持，習勞習苦，可以處樂，可以處約。此君子也。余服官二十年，不敢稍染官宦氣習，飲食起居，尚守寒素家風，極儉也可，略豐也可，太豐則吾不敢也。

凡仕宦之家，由儉入奢易，由奢返儉難。爾年尚幼，切不可貪愛奢華，不可慣習懶惰。無論大家小家、士農工商，勤苦儉約，未有不興；驕奢倦怠，未有不敗。爾讀書寫字不可間斷，早晨要早起，莫墜高曾祖考以來相傳之家風。吾父吾叔，皆黎明即起，爾之所知也。

凡富貴功名，皆有命定，半由人力，半由天事。惟爲學作聖賢，全由自己作主，不與天命相干涉。吾有志學爲聖賢，少時欠居敬工夫，至今猶不免偶有戲言戲動。爾宜舉止端莊，言不妄發，則入德之基也。

致紀澤兒

不可耽于安樂，不可虛擲光陰

咸豐六年十月初二日

胡二等來，接爾安稟，字畫尚未長進。爾今年十八歲，齒已漸長，而學業未見其益。陳岱雲姻伯之子號杏生者，今年入學，學院批其詩冠通場。渠係戊戌二月所生，比爾僅長一歲，以其無父無母家漸清貧，遂爾勤苦好學，少年成名。爾幸托祖父餘蔭，衣食豐適，寬然無慮，遂爾酣豢佚樂，不復以讀書立身爲事。古人云：『勞則善心生，佚則淫心生。』孟子云：『生于憂患，死于安樂。』吾慮爾之過于佚也。

新婦初來，宜教之入廚作羹，勤于紡績，不宜因其爲富貴子女不事操作。大、二、三諸女已能做大鞋否？三姑一嫂，每年做鞋一雙寄余，各表孝敬之忱，各争針黹之工。所織之布，所寄衣襪等件，余亦得察閨門以内之勤惰也。

余在軍中不廢學問，讀書寫字未甚間斷，惜年老眼蒙，無甚長進。爾今未弱冠，一刻千金，切不可浪擲光陰。

致紀澤兒

咸豐六年十一月初五日

世家子弟戒奢戒傲

世家子弟最易犯一『奢』字、『傲』字。不必錦衣玉食而後謂之奢也，但使皮袍呢褂俯拾即是，輿馬僕從習慣爲常，此即日趨于奢矣。見鄉人則嗤其樸陋，見雇工則頤指氣使，此即日習于傲矣。《書》稱：『世祿之家，鮮克由禮。』《傳》稱：『驕奢淫佚，寵祿過也。』京師子弟之壞，未有不由于『驕奢』二字者，爾與諸弟其戒之！至囑至囑！

與四弟國潢書

咸豐六年十一月二十九日

身不苟取，爲人表率

再，余往年在京曾寄銀回家，每年或百金或二百金不等。一以奉堂上之甘旨，一以濟族戚之窮乏。自行軍以來，僅甲寅冬寄百五十金。今年三月，澄弟在省城李家兑用二百金，此際實不能再寄。蓋凡帶勇之人，皆不免稍肥私橐。余不能禁人之不苟取，但求我身不苟取。以此風示僚屬，即以此仰答聖主。今年江西艱困异常，省中官員有窮窘而不能自存者，即撫藩各衙門亦不能寄銀贍家，余何敢妄取絲毫！兹寄銀三十兩，以二十兩奉父親大人甘旨之需，以十兩奉叔父大人含飴之佐。此外，家用及親族常例概不能寄。

與九弟國荃書

咸豐七年十二月十四夜

人而無恒，百無一成

來書謂『意趣不在此，則興會索然』，此却大不可。凡人作一事，便須全副精神注在此一事，首尾不懈。不可見异思遷，做這樣想那樣，坐這山望那山。人而無恒，終身一無所成。

我生平坐犯無恒的弊病，實在受害不小。當翰林時，應留心詩字，則好涉獵它書，以紛其志。讀性理書時，則雜以詩文各集，以歧其趨。在六部時，又不甚實力講求公事。在外帶兵，又不能竭力專治軍事，或讀書寫字以亂其志意。坐是垂老而百無一成。即水軍一事，亦掘井九仞而不及泉，弟當以爲鑒戒。現在帶勇，即埋頭盡力以求帶勇之法，早夜孳孳，日所思，夜所夢，捨帶勇以外則一概不管。不可又想讀書，又想中舉，又想作州縣，紛紛擾擾，千頭萬緒，將來又蹈我之復轍，百無一成，悔之晚矣。

與九弟國荃書

咸豐八年三月初六日

不可傲氣凌人，出語傷人

古來言凶德致敗者約有二端：曰長傲，曰多言。丹朱之不肖，曰傲曰嚚訟，即多言也。歷觀名公巨卿，多以此二端敗家喪生。余生平頗病執拗，德之傲也；不甚多言，而筆下亦略近乎嚚訟。静中默省愆尤，我之處處獲戾，其源不外此二者。温弟性格略與我相似，而發言尤爲尖刻。

凡傲之凌物，不必定以言語加人，有以神氣凌之者矣，有以面色凌之者矣。温弟之神氣稍有英發之姿，面色間有蠻很之象，最易凌人。凡中心不可有所恃，心有所恃則達于面貌。以門地言，我之物望大減，方且恐爲子弟之累；以才識言，近今軍中煉出人才頗多，弟等亦無過人之處。皆不可恃。只宜抑然自下，一味言忠信、行篤敬，庶幾可以遮護舊失、整頓新氣。否則，人皆厭薄之矣。沅弟持躬涉世，差爲妥葉。温弟則談笑譏諷，要强充老手，猶不免有舊習。

不可不猛省！不可不痛改！聞在縣有隨意嘲諷之事，有怪人差帖之意，急宜懲之。余在軍多年，豈無一節可取？只因傲之一字，百無一成，故諄諄教諸弟以爲戒也。

與九弟國荃書

咸豐八年四月初九日

得意之事兩端

兄回憶往事，時形悔艾，想六弟必備述之。弟所勸譬之語，深中機要，『素位而行』一章，比亦常以自警。只以陰分素虧，血不養肝，即一無所思，已覺心慌腸空，如極餓思食之狀。再加以憧擾之思，益覺心無主宰，怔悸不安。

今年有得意之事兩端。一則弟在吉安聲名極好。兩省大府及各營員弁、江省紳民交口稱頌，不絕于吾之耳；各處寄弟書及弟與各處禀牘信緘俱詳實妥善，犁然有當，不絕于吾之目。一則家中所請鄧、葛二師品學俱優，勤嚴并著。鄧師終日端坐，有威可畏，文有根柢而又曲合時趨，講書極明正義而又易于聽受。葛師志趣方正，學規謹嚴，小兒等畏之如神明，而代管瑣事亦甚妥協。此二者皆余所深慰。雖愁悶之際，足以自寬解者也。第聲聞之美，可恃而不可恃。兄昔在京中頗著清望，近在軍營亦獲虛譽。善始者不必善終，行百里者半九十里。譽望一損，遠近滋疑。弟目下名望正隆，務宜力持不懈，有始有卒。

與九弟國荃書

咸豐八年五月十六日

做人之道，『敬恕』二字

再者，人生適意之時不可多得。弟現在上下交譽，軍民咸服，頗稱適意，不可錯過時會，當盡心竭力，做成一個局面。聖門教人不外『敬恕』二字，天德王道，徹始徹終，性功事功，俱可包括。余生平于『敬』字無工夫，是以五十而無所成；至于『恕』字，在京時亦曾講求及之。近歲在外，惡人以白眼藐視京官，又因本性倔强，漸進于愎，不知不覺做出許多不恕之事，說出許多不恕之話，至今愧耻無已。弟于『恕』字頗有工夫，天質勝于阿兄一籌；至于『敬』字，則亦未嘗用力，亦從此日致其功，于《論語》之九思，《玉藻》之九容，勉强行之。臨之以莊，則下自加敬。習慣自然，久久遂成德器，庶不至徒做一場話説，四十五十而無聞也。

與國潢、國葆二弟書

咸豐八年七月二十日、八月二十二日

家中種蔬、養魚諸事

家中種蔬一事，千萬不可怠忽。屋門首塘養魚，亦有一種生機。養猪亦内政之要者。下首臺上新竹，過伏天後有枯者否？此四事者，可以覘人家興衰氣象，望時時與朱見四兄熟商。見四在我家，每年可送束脩錢十六千。余在家時，曾面許以如延師課讀之例，但未言明數目耳。季弟生意頗好，然此後不宜再做，不宜多做，仍以看書爲上。

家中養魚、養猪、種竹、種蔬四事，皆不可忽。一則上接祖父以來相承之家風，二則望其外有一種生氣，登其庭有一種旺氣，雖多花幾個錢，多請幾個工，但用在此四事上總是無妨。澄弟在家教科一、厚

七、旺十習字極好，不特學生有益，亦可教學相長。弟近年書法遠遜于昔，在家無事，每日仍可臨帖一百字，將浮躁處大加收斂。心以收斂而細，氣以收斂而静。于字也有益，于身于家皆有益。明年請師，仍請鄧寅皆先生，人品學問，皆爲吾邑第一流人。若在我家教得十年，則子侄皆有成矣。葛罼山先生前言願來余營，不知其計已決否？若不果來，可仍請之教科四、科六。若渠決來軍，則科四、六亦可請鄧先生教之。

致紀澤兒

咸豐八年七月二十一日

做人之道，『敬恕』二字

至于作人之道，聖賢千言萬語，大抵不外『敬恕』二字。『仲弓問仁』一章，言敬恕最爲親切。自此以外，如『立則見參于前也，在輿則見其倚于衡也』；『君子無衆寡，無小大，無敢慢』，斯爲『泰而不驕』；『正其衣冠，儼然人望而畏』，斯爲『威而不猛』，是皆言敬之最好下手者。孔言『欲立立人，欲達達人』；孟言『行有不得，反求諸己』，『以仁存心，以禮存心』，『有終身之憂，無一朝之患』，是皆言恕之最好下手者。爾心境明白，于恕字或易著功，敬字則易勉强行之。此立德之基，不可不謹。

致紀澤兒

咸豐八年八月二十日

生平三恥

余生平有三恥：學問各途，皆略涉其涯涘，獨天文、算學，毫無所知，雖恒星、五緯亦不識認，一恥也；每作一事，治一業，輒有始無終，二恥也；少時作字，不能臨摹一家之體，遂致屢變而無所成，遲鈍而不適于用，近歲在軍，因作字太鈍，廢閣殊多，三恥也。爾若爲克家之子，當思雪此三恥。推步、算學，縱難通曉，恒星、五緯，觀認尚易。家中言天文之書，有《十七史》中各《天文志》及《五禮通考》中所輯《觀象授時》一種。每夜認明恒星二三座，不過數月，可畢識矣。凡作一事，無論大小難易，皆宜有始有終。作字時，先求圓勻，次求敏捷。若一日能作楷書一萬，少或七八千，愈多愈熟，則手腕毫不費力。將來以之爲學，則手鈔群書；以之從政，則案無留牘。無窮受用，皆自寫字之勻而且捷生出。三者皆足彌吾之缺憾矣。

今年初次下場，或中或不中，無甚關係，榜後即當看《詩經》注疏。以後窮經讀史，二者迭進。國朝大儒，如顧、閻、江、戴、段、王數先生之書，亦不可不熟讀而深思之。光陰難得，一刻千金。以後寫安禀來營，不妨將胸中所見，簡編所得，馳騁議論，俾余得以考察爾之進步，不宜太寥寥。此諭。

致紀澤兒

咸豐八年九月二十八日

須讀十一種書

聞兒經書將次讀畢，差用少慰。自《五經》外，《周禮》《儀禮》《爾雅》《孝經》《公羊》《穀梁》六書，自古列之于經，所謂十三經也。此六經宜請塾師口授一遍。爾記性平常，不必求熟。十三經外，所最宜熟讀者，莫如《史記》《漢書》《莊子》《韓文》四種。余生平好此四書，嗜之成癖，恨未能一一詁釋箋疏，窮力討治。自此四種而外，又如《文選》、《通典》、《説文》、《孫武子》、《方輿紀要》、近人姚姬傳所輯《古文辭類纂》、余所鈔十八家詩，此七書者，亦余嗜好之次也。凡十一種，吾以配之《五經》《四書》之後，而《周禮》等六經者，或反不知篤好，蓋未嘗致力于其間，而人之性情各有所近焉爾。吾兒既讀《五經》《四書》，即當將此十一書尋究一番。縱不能講習貫通，亦當思涉獵其大略，則見解日開矣。

與諸弟書

咸豐八年十一月二十三日

兄弟和睦，勤儉持家

今年四月，劉昌儲在我家請乩。乩初到，即判曰：『賦得偃武修文，得閑字（字謎敗字）。』余方訝敗字不知何指，乩判曰：『爲九江言之也，不可喜也。』余又訝九江初克，氣機正盛，不知何所爲而云。然乩又判曰：『爲天下，即爲曾宅言之。』由今觀之，三河之挫，六弟之變，正與『不可喜也』四字相應，豈非數皆前定耶？

然禍福由天主之，善惡由人主之。由天主者，無可如何，只得聽之；由人主者，盡得一分算一分，撑得一日算一日。吾兄弟斷不可不洗心滌慮，以求力挽家運。第一，貴兄弟和睦。去年兄弟不和，以致今冬三河之變。嗣後兄弟當以去年爲戒。凡吾有過失，澄、沅、洪三弟各進箴規之言，余必力爲懲改；三弟有過，亦當互相箴規而懲改之。第二，貴體孝道。推祖父母之愛以愛叔父，推父母之愛以愛温弟之妻妾兒女及蘭、蕙二家。又，父母墳域必須改葬，請沅弟作主，澄弟不可過執。第三，要實行『勤儉』二字。内間妯娌不可多事鋪張。後輩諸兒須走路，不可坐轎騎馬。諸女莫太懶，宜學燒茶煮菜。書、蔬、魚、猪，一家之生氣；少睡多做，一人之生氣。勤者生動之氣，儉者收斂之氣。有此二字，家運斷無不興之理。余去年在家，未將此二字切實做工夫，至今愧恨，是以諄諄言之。餘詳日記中，不贅。

致紀澤兒

咸豐八年十二月三十日

愛敬長輩，日處日親

今年家中因温甫叔之變，氣象較之往年迥不相同。余因去年在家，争辨細事，與鄉里鄙人無异，至今深抱悔憾。故雖在外，亦惻然寡歡。爾當體我此意，于叔祖、各叔父母前盡些愛敬之心。常存休戚一體之念，無懷彼此歧視之見，則老輩内外必器愛爾，後輩兄弟姊妹必以爾爲榜樣，日處日親，愈久愈敬。若使宗族鄉黨皆曰『紀澤之量大于其父之量』，則余欣然矣。

致紀澤兒

寫字作文宜摹古人架構

咸豐九年三月初三日清明

三月初二日接爾二月二十日安禀，得知一切。内有賀丹麓先生墓志，字勢流美，天骨開張，覽之忻慰。惟間架間有太鬆之處，尚當加功。大抵寫字只有用筆、結體兩端。學用筆，須多看古人墨迹；學結體，須用油紙摹古帖。此二者，皆決不可易之理。小兒寫影本，肯用心者，不過數月，必與其摹本字相肖。吾自三十時，已解古人用筆之意，只爲欠缺間架工夫，便爾作字不成體段。生平欲將柳誠懸、趙子昂兩家合爲一爐，亦爲間架欠工夫，有志莫遂。爾以後當從間架用一番苦功，每日用油紙摹帖，或百字，或二百字，不過數月，間架與古人逼肖而不自覺。能合柳、趙爲一，此吾之素願也。不能，則隨爾自擇一家，但不可見异思遷耳。

不特寫字宜摹仿古人間架，即作文亦宜摹仿古人間架。《詩經》造句之法，無一句無所本。《左傳》之文，多現成句調。揚子雲爲漢代文宗，而其《太玄》摹《易》，《法言》摹《論語》，《方言》摹《爾雅》，《十二箴》摹《虞箴》，《長楊賦》摹《難蜀父老》，《解嘲》摹《客難》，《甘泉賦》摹《大人賦》，《劇秦美新》摹《封禪文》，《諫不許單于朝書》摹《國策·信陵君諫伐韓》，幾于無篇不摹。即韓、歐、曾、蘇諸巨公之文，亦皆有所摹擬，以成體段。爾以後作文作詩賦，均宜心有摹仿，而後間架可立，其收效較速，其取徑較便。

致紀澤兒

咸豐九年三月二十三日

書法南北二派之長

趙文敏集古今之大成，于初唐四家内師虞永興，而參以鍾紹京，因此以上窺二王，下法山谷，此一徑也；于中唐師李北海，而參以顔魯公、徐季海之沉着，此一徑也；于晚唐師蘇靈芝，此又一徑也。由虞永興以溯二王及晋六朝諸賢，世所稱南派者也；由李北海以溯歐、褚及魏、北齊諸賢，世所謂北派者也。爾欲學書，須窺尋此兩派之所以分。南派以神韵勝，北派以魄力勝。宋四家，蘇、黄近于南派，米、蔡近于北派。趙子昂欲合二派而匯爲一。爾從趙法入門，將來或趨南派，或趨北派，皆可不迷于所往。

我先大夫竹亭公，少學趙書，秀骨天成。我兄弟五人，于字皆下苦功，沅叔天分尤高。爾若能光大先業，甚望甚望！

制藝一道，亦須認真用功。鄧瀛師，名手也。爾作文，在家有鄧師批改，付營有李次青批改，此極難得，千萬莫錯過了。付回趙書《楚國夫人碑》，可分送三先生（汪、易、葛）、二外甥及爾諸堂兄弟。又舊宣紙手卷、新宣紙横幅，爾可學《書譜》，請徐柳臣一看。此囑。

致紀澤兒

咸豐九年四月二十一日

需熟讀而深思之書目

余于《四書》《五經》之外，最好《史記》《漢書》《莊子》《韓文》四種，好之十餘年，惜不能熟讀精考。又好《通鑒》《文選》及姚惜抱所選《古文辭類纂》、余所選《十八家詩鈔》四種，共不過十餘種。早歲篤志爲學，恒思將此十餘書貫串精通，略作札記，仿顧亭林、王懷祖之法。今年齒衰老，時事日艱，所志不克成就，中夜思之，每用愧悔。澤兒若能成吾之志，將《四書》《五經》及余所好之八種一一熟讀而深思之，略作札記，以志所得，以著所疑，則余歡欣快慰，夜得甘寢，此外别無所求矣。至王氏父子所考訂之書二十八種，凡家中所無者，爾可開一單來，余當一一購得寄回。

學問之途，自漢至唐，風氣略同；自宋至明，風氣略同。國朝又自成一種風氣，其尤著者，不過顧、閻（百詩）、戴（東原）、江（慎修）、錢（辛楣）、秦（味經）、段（懋堂）、王（懷祖）數人，而風會所扇，群彥雲興。爾有志讀書，不必別標漢學之名目，而不可不一窺數君子之門徑。凡又所見所聞，隨時稟知，余隨時諭答，較之當面問答，更易長進也。

致紀澤兒

咸豐十年閏三月初四日

居家八事

初一日接爾十六日稟，澄叔已移寓新居，則黃金堂老宅，爾爲一家之主矣。昔吾祖星岡公最講求治家之法：第一起早；第二打掃潔凈；第三誠修祭祀；第四善待親族鄰里，凡親族鄰里來家，無不恭敬款接，有急必周濟之，有訟必排解之，有喜必慶賀之，有疾必問，有喪必吊。此四事之外，于讀書、種菜等事尤爲刻刻留心。故余近寫家信，常常提及書、蔬、魚、猪四端者，蓋祖父相傳之家法也。爾現讀書無暇，此八事，縱不能一一親自經理，而不可不識得此意，請朱運四先生細心經理，八者缺一不可。其誠修祭祀一端，則必須爾母隨時留心。凡器皿第一等好者留作祭祀之用，飲食第一等好者亦備祭祀之需。凡人家不講究祭祀，縱然興旺，亦不長久。至要至要！

致紀澤兒

咸豐十年四月初四日

通訓詁、詞章

吾于訓詁、詞章二端，頗嘗盡心。爾看書若能通訓詁，則于古人之故訓大義、引申假借漸漸開悟，而後人承訛襲誤之習可改；若能通詞章，則于古人之文格文氣、開合轉折漸漸開悟，而後人硬腔滑調之習可改。是余之所厚望也。嗣後爾每月作三課，一賦、一古文、一時文，皆交長夫帶至營中，每月恰有三次長夫接家信也。

與九弟國荃書

咸豐十年四月二十二日申刻

以愛民爲第一義

蘇州閶門外民房十餘里，繁華甲于天下，此時乃係金陵大營之逃兵潰勇先行焚燒劫搶而賊乃後至。兵猶火也，弗戢自焚，古人洵不余欺。弟在軍中，望常以愛民誠懇之意、理學迂闊之語時時與弁兵說及，庶勝則可以立功，敗亦不至造孽。當此大亂之世，吾輩立身行間，最易造孽，亦最易積德。吾自三年初招勇時，即以愛民爲第一義。歷年以來，縱未必行得到，而寸心總不敢忘『愛民』兩個字，尤悔頗寡。家事承沅弟料理，綽有餘裕，此時若死，除文章未成之外，實已毫髮無憾，但怕畀以大任，一籌莫展耳。沅弟爲我熟思之。

致紀澤兒

咸豐十年四月二十四日

作文之要，珠圓玉潤

無論古今何等文人，其下筆造句，總以『珠圓玉潤』四字爲主。無論古今何等書家，其落筆結體，亦以『珠圓玉潤』四字爲主。故吾前示爾書，專以一『重』字救爾之短，一『圓』字望爾之成也。世人論文家之語圓而藻麗者，莫如徐（陵）、庾（信），而不知江（淹）、鮑（照）則更圓，進之沈（約）、任（昉）則亦圓，進之潘（岳）、陸（機）則亦圓，又進而溯之東漢之班（固）、張（衡）、崔（駰）、蔡（邕）則亦圓，又進而溯之西漢之賈（誼）、晁（錯）、匡（衡）、劉（向）則亦圓。至于馬遷、相如、子雲三人，可謂力趨險奥，不求圓適矣；而細讀之，亦未始不圓。至于昌黎，其志意直欲陵駕子長、卿、雲三人，戛戛獨造，力避圓熟矣，而久讀之，實無一字不圓，無一句不圓。爾于古人之文，若能從江、鮑、徐、庾四人之圓步步上溯，直窺卿、雲、馬、韓四人之圓，則無不可讀之古文矣，即無不可通之經史矣。爾其勉之！余于古人之文，用功甚深，惜未能一一達之腕下，每歉然不怡耳。

與季弟國葆書

咸豐十年六月二十七日

湖南近日風氣

吾湖南近日風氣蒸蒸日上。凡在行間，人人講求將略，講求品行，并講求學術。弟與沅弟既在行間，望以講求將略爲第一義，點名看操等粗淺之事必躬親之，練膽料敵等精微之事必苦思之。品、學二者，亦宜以餘力自勵。目前能做到湖南出色之人，後世即推爲天下罕見之人矣。大哥豈不欣然哉！哥做幾件衣道賀。

咸豐十年十月十六日

致紀澤、紀鴻兒

不積錢，不買田，努力讀書

澤兒看書天分高，而文筆不甚勁挺，又說話太易，舉止太輕，此次在祁門爲日過淺，未將一『輕』字之弊除盡，以後須于說話走路時刻刻留心。鴻兒文筆勁健，可慰可喜。此次連珠文，先生改者若干字？擬體係何人主意？再行詳稟告我。

銀錢、田產最易長驕氣逸氣，我家中斷不可積錢，斷不可買田。爾兄弟努力讀書，決不怕沒飯吃。至囑！

致紀澤兒

咸豐十一年正月初四日

文章雄奇之道

爾問文中雄奇之道。雄奇以行氣爲上，造句次之，選字又次之。然未有字不古雅而句能古雅，句不古雅而氣能古雅者；亦未有字不雄奇而句能雄奇，句不雄奇而氣能雄奇者。是文章之雄奇，其精處在行氣，其粗處全在造句選字也。余好古人雄奇之文，以昌黎爲第一，揚子雲次之。二公之行氣，本之天授。至于人事之精能，昌黎則造句之工夫居多，子雲則選字之工夫居多。

致紀澤兒

咸豐十一年正月十四日

宜從短處下工夫

《左傳》注疏閱畢，即閱看《通鑑》。將京中帶回之《通鑑》，仿我手校本，將目録寫于面上。其去秋在營帶去之手校本，便中仍當寄送祁門。余常思翻閱也。

爾言鴻兒爲鄧師所賞，余甚欣慰。鴻兒現閱《通鑑》，爾亦可時時教之。爾看書天分甚高，作字天分甚高，作詩文天分略低，若在十五六歲時教導得法，亦當不止于此。今年已二十三歲，全靠爾自己扎掙發憤，父兄師長不能爲力。作詩文是爾之所短，即宜從短處痛下工夫。看書寫字爾之所長，即宜拓而充之。走路宜重，説話宜遲，常常記憶否？

致紀澤、紀鴻兒

咸豐十一年三月十三日

言從軍之苦，立八本遺訓

余自從軍以來，即懷見危授命之志。丁、戊年在家抱病，常恐溘逝牖下，渝我初志，失信于世。起復再出，意尤堅定。此次若遂不測，毫無牽戀。自念貧窶無知，官至一品，壽逾五十，薄有浮名，兼秉兵權，忝竊萬分，夫復何憾！惟古文與詩，二者用力頗深，探索頗苦，而未能介然用之，獨闢康莊。古文尤確有依據，若遽先朝露，則寸心所得，遂成廣陵之散。作字用功最淺，而近年亦略有入處。三者一無所成，不無耿耿。

至行軍本非余所長，兵貴奇而余太平，兵貴詐而余太直，豈能辦此滔天之賊？即前此屢有克捷，已爲僥幸，出于非望矣。爾等長大之後，切不可涉歷兵間，此事難于見功，易于造孽，尤易于詒萬世口實。余久處行間，日日如坐針氈，所差不負吾心，不負所學者，未嘗須臾忘愛民之意耳。近來閱歷愈多，深諳督師之苦。爾曹惟當一意讀書，不可從軍，亦不必作官。

吾教子弟不離八本、三致祥。八者曰：讀古書以訓詁爲本，作詩文以聲調爲本，養親以得歡心爲本，養生以少惱怒爲本，立身以不妄語爲本，治家以不晏起爲本，居官以不要錢爲本，行軍以不擾民爲本。三者曰：孝致祥，勤致祥，恕致祥。吾父竹亭公之教人，則專重『孝』字。其少壯敬親，暮年愛親，出于至誠。故吾纂墓志，僅叙一事。吾祖星岡公之教人，則有八字、三不信：八者，曰考、寶、早、掃、書、蔬、魚、猪；三者，曰僧巫，曰地仙，曰醫藥，皆不信也。處兹亂世，銀錢愈少，則愈可免禍；用度愈省，則愈可養福。爾兄弟奉母，除『勞』字、『儉』字之外，别無安身之法。吾當軍事極危，輒將此二字叮囑一遍，此外亦别無遺訓之語，爾可稟告諸叔及爾母無忘。

致紀澤兒

咸豐十一年九月初四日

談類書

目録分類，非一言可盡。大抵有一種學問，即有一種分類之法，有一人嗜好，即有一人摘鈔之法。若從本原論之，當以《爾雅》爲分類之最古者。天之星辰，地之山川，鳥獸草木，皆古聖賢人辨其品彙，命之以名。《書》所稱大禹主名山川，《禮》所稱皇帝正名百物是也。物必先有名，而後有是字，故必知命名之原，乃知文字之原。舟車、弓矢、俎豆、鐘鼓日用之具，皆先王制器以利民用，必先有器而後有是字，故又必知制器之原，乃知文字之原。君臣、上下、禮樂、兵刑、賞罰之法，皆先王立事以經綸天下，或先有事而後有字，或先有字而後有事，故又必知萬事之本，而後知文字之原。

此三者，物最初，器次之，事又次之。三者既具，而後有文詞。《爾雅》一書，如釋天、釋地、釋山、釋水、釋草木、釋鳥獸蟲魚，物之屬也；釋器、釋官、釋樂，器之屬也；釋親，事之屬也；釋詁、釋訓、釋言，文詞之屬也。《爾雅》之分類，惟屬事者最略；後世之分類，惟屬事者最詳。事之中又判爲兩端焉：曰虛事，曰實事。虛事者，如經之『三禮』、馬之『八書』、班之『十志』及『三通』之區別門類是也。實事者，就史鑒中已往之事迹，分類纂記，如《事文類聚》《白孔六帖》《太平御覽》及我朝《淵鑒類函》《子史精華》等書是也。

致紀澤兒

同治元年正月十四日

多讀古詩

正月十三、四連接爾十二月十六、二十四兩稟，又得澄叔十二月二十二一緘、爾母十六日一緘，備悉一切。

爾詩一首，閲過發回。爾詩筆遠勝于文筆，以後宜常常爲之。余久不作詩，而好讀詩。每夜分輒取古人名篇高聲朗誦，用以自娱。今年亦當間作二三首，與爾曹相和答，仿蘇氏父子之例。

爾之才思，能古雅而不能雄駿，大約宜作五言，而不宜作七言。余所選十八家詩，凡十厚册，在家中，此次可交來丁帶至營中。爾要讀古詩，漢魏六朝，取余所選曹、阮、陶、謝、鮑、謝六家，專心讀之，必與爾性質相近。至于開拓心胸，擴充氣魄，窮極變態，則非唐之李、杜、韓、白，宋金之蘇、黄、陸、元八家，不足以盡天下古今之奇觀。爾之質性，雖與八家者不相近，而要不可不將此八人之集悉心研究一番，實《六經》外之巨製，文字中之尤物也。

爾于小學粗有所得，深用爲慰。欲讀周漢古書，非明于小學無可問津。余于道光末年，始好高郵王氏父子之説，從事戎行未能卒業，冀爾竟其緒耳。

致紀澤兒

同治元年三月十四日

家門鼎盛之時，當思寒士困苦之境

爾至葛家送親後，又須至瀏陽送陳婿夫婦，又須趕回黄宅送親，又須接辦羅氏女喜事。今年春夏，爾在家中，比余在營更忙。然古今文人學人，莫不有家常瑣事之勞其身，莫不有世態冷暖之攖其心。爾現當家門鼎盛之時，炎凉之狀不接于目，衣食之謀不縈于懷，雖奔走煩勞，猶遠勝于寒士困苦之境也。

致紀澤兒

習文修業，行之有恒

同治元年四月初四日

連接爾十四、二十二日在省城所發稟，知二女在陳家，門庭雍睦，衣食有資，不勝欣慰。

爾纍月奔馳酬應，尤能不失常課，當可日進無已。人生唯有常是第一美德。余早年于作字一道，亦嘗苦思力索，終無所成。近日朝朝摹寫，久不間斷，遂覺月异而歲不同。可見年無分老少，事無分難易，但行之有恒，自如種樹畜養，日見其大而不覺耳。

爾之短處在言語欠鈍訥，舉止欠端重，看書能深入而作文不能崢嶸。若能從此三事上下一番苦工，進之以猛，持之以恒，不過一二年，自爾精進而不覺。言語遲鈍，舉止端重，則德進矣。作文有崢嶸雄快之氣，則業進矣。爾前作詩，差有端緒，近亦常作否？李、杜、韓、蘇四家之七古，驚心動魄，曾涉獵及之否？

致紀澤、紀鴻兒

同治元年四月二十四日

讀書改變氣質

人之氣質，由于天生，本難改變，惟讀書則可變化氣質。古之精相法者，并言讀書可以變換骨相。欲求變之之法，總須先立堅卓之志。即以余生平言之，三十歲前最好吃烟，片刻不離，至道光壬寅十一月二十一日立志戒烟，至今不再吃。四十六歲以前作事無恒，近五年深以爲戒，現在大小事均尚有恒。即此二端，可見無事不可變也。爾于『厚重』二字，須立志變改。古稱『金丹換骨』，余謂立志即丹也。

同治元年五月十四日

致紀澤兒

讀《文選》，通小學，能文章

爾《説文》將看畢，擬先看各經注疏，再從事于詞章之學。

余觀漢人詞章，未有不精于小學訓詁者，如相如、子雲、孟堅于小學皆專著一書，《文選》于此三人之文著録最多。余于古文，志在效法此三人并司馬遷、韓愈五家。以此五家之文，精于小學訓詁，不妄下一字也。

爾于小學既粗有所見，正好從詞章上用功。《説文》看畢之後，可將《文選》細讀一過。一面細讀，一面鈔記，一面作文以仿效之。凡奇僻之字，雅故之訓，不手鈔則不能記，不摹仿則不慣用。

自宋以後能文章者不通小學，國朝諸儒通小學者又不能文章。余早歲窺此門徑，因人事太繁，又久歷戎行，不克卒業，至今用爲疚憾。爾之天分，長于看書，短于作文。此道太短，則于古書之用意行氣，必不能看得諦當。目下宜從短處下工夫，專肆力于《文選》，手鈔及摹仿二者皆不可少。待文筆稍有長進，則以後詁經讀史，事事易于着手矣。

與國荃、國葆二弟書

同治元年五月十五日

余家目下鼎盛之際，當以『勞、謙、廉』三字時時自惕

余家目下鼎盛之際，余忝竊將相，沅所統近二萬人，季所統四五千人，近世似此者曾有幾家？沅弟半年以來，七拜君恩，近世似弟者曾有幾人？日中則昃，月盈則虧，吾家亦盈時矣。管子云：『斗斛滿則人概之，人滿則天概之。』余謂天之概無形，仍假手于人以概之。霍氏盈滿，魏相概之，宣帝概之；諸葛恪盈滿，孫峻概之，吴主概之。待他人之來概而後悔之，則已晚矣。吾家方豐盈之際，不待天之來概、人之來概，吾與諸弟當設法先自概之。

自概之道云何，亦不外『清、慎、勤』三字而已。吾近將『清』字改爲

『廉』字，『慎』字改爲『謙』字，『勤』字改爲『勞』字，尤爲明淺，確有可下手之處。沅弟昔年于銀錢取與之際不甚斟酌，朋輩之譏議菲薄，其根實在于此。去冬之買犁頭嘴、栗子山，余亦大不謂然。以後亦不妄取分毫，不寄銀回家，不多贈親族，此『廉』字工夫也。謙之存諸中者不可知，其着于外者，約有四端：曰面色，曰言語，曰書函，曰僕從屬員。沅弟一次添招六千人，季弟并未禀明，徑招三千人，此在他統領所斷做不到者，在弟尚能集事，亦算順手。

而弟等每次來信，索取帳棚子藥等件，常多譏諷之詞、不平之語，在兄處書函如此，則于別處書函更可知已。沅弟之僕從隨員頗有氣焰，面色言語，與人酬接時，吾未及見，而申夫曾述及往年對渠之詞氣，至今飲憾。以後宜于此四端痛加克治，此『謙』字工夫也。每日臨睡之時，默數本日勞心者幾件、勞力者幾件，則知宣勤王事之處無多，更竭誠以圖之，此『勞』字工夫也。

余以名位太隆，常恐祖宗留詒之福自我一人享盡，故將『勞、謙、廉』三字時時自惕，亦願兩賢弟之用以自惕，且即以自概耳。

致紀鴻兒

同治元年五月二十七日

常守儉樸之風，毋染富貴氣息

凡世家子弟，衣食起居無一不與寒士相同，庶可以成大器；若沾染富貴氣習，則難望有成。吾忝爲將相，而所有衣服不值三百金。願爾等常守此儉樸之風，亦惜福之道也。其照例應用之錢，不宜過嗇（謝禀保二十千，賞號亦略豐）。謁聖後，拜客數家，即行歸里。今年不必鄉試，一則爾工夫尚早，二則恐體弱難耐勞也。此諭。

致紀澤兒

同治元年八月初四日

行氣爲文章第一義

爾所作擬莊三首，能識名理，兼通訓詁，甚慰甚慰。余近年頗識古人文章門徑，而在軍鮮暇，未嘗偶作，一吐胸中之奇。爾若能解《漢書》之訓詁，參以《莊子》之詼詭，則余願償矣。至行氣爲文章第一義，卿、雲之跌宕，昌黎之倔强，尤爲行氣不易之法。爾宜先于韓公倔强處揣摩一番。京中帶回之書，有《謝秋水集》（名文洊，國初南豐人），可交來人帶營一看。

致紀澤兒

同治元年十月十四日

治小學三大宗

爾從事小學、《説文》，行之不倦，極慰極慰。小學凡三大宗。言字形者，以《説文》爲宗。古書惟大、小徐二本，至本朝而段氏特開生面，而錢坫、王筠、桂馥之作亦可參觀。言訓詁者，以《爾雅》爲宗。古書惟郭注、邢疏，至本朝而邵二雲之《爾雅正義》、王懷祖之《廣雅疏證》、郝蘭皋之《爾雅義疏》，皆稱不朽之作。言音韵者，以《唐韵》爲宗。古書惟《廣韵》《集韵》，至本朝而顧氏《音學五書》乃爲不刊之典，而江（慎修）、戴（東原）、段（茂堂）、王（懷祖）、孔（巽軒）、江（晋三）諸作，亦可參觀。爾欲于小學鑽研古義，則三宗如顧、江、段、邵、郝、王六家之書，均不可不涉獵而探討之。

余近日心緒極亂，心血極虧，其慌忙無措之象，有似咸豐八年春在家之時，而憂灼過之。甚思爾兄弟來此一見，不知爾何日可來營省視？仰觀天時，默察人事，此賊竟無能平之理。但求全局不遽決裂，余能速死，而不爲萬世所痛罵，則幸矣。

致紀澤兒

同治二年三月初四日

以精確之訓詁，作古茂之文章

爾于小學訓詁，頗識古人源流，而文章又窺見漢魏六朝之門徑，欣慰無已。余嘗怪國朝大儒如戴東原、錢辛楣、段懋堂、王懷祖諸老，其小學訓詁，實能超越近古，直逼漢唐，而文章不能追尋古人深處，達于本而閡于末，知其一而昧其二，頗所不解。私竊有志，欲以戴、錢、段、王之訓詁，發爲班、張、左、郭之文章（晋人左思、郭璞，小學最深，文章亦逼兩漢，潘、陸不及也）。久事戎行，斯願莫遂。若爾曹能成我未竟之志，則至樂莫大乎是。即日當批改付歸。

爾既得此津筏，以後便當專心壹致，以精確之訓詁，作古茂之文章。由班、張、左、郭，上而揚、馬，而《莊》《騷》，而《六經》，靡不息息相通；下而潘、陸，而任、沈，而江、鮑、徐、庾，則詞愈雜，氣愈薄，而訓詁之道衰矣。至韓昌黎出，乃由班、張、揚、馬而上躋《六經》，其訓詁亦甚精當。爾試觀《南海神廟碑》《送鄭尚書序》諸篇，則知韓文實與漢賦相近。又觀《祭張署文》《平淮西碑》諸篇，則知韓文實與《詩經》相近。近世學韓文者，皆不知其與揚、馬、班、張一鼻孔出氣。爾能參透此中消息，則幾矣。

爾閱看書籍頗多，然成誦者太少，亦是一短。嗣後宜將《文選》最愜意者熟讀，以能背誦爲斷，如《兩都賦》《西征賦》《蕪城賦》及《九辯》《解嘲》之類，皆宜熟讀。《選》後之文，如《與楊遵彥書》（徐）、《哀江南賦》（庾），亦宜熟讀。又經世之文如馬貴與《文獻通考》序二十四首，天文如丹元子之《步天歌》（《文獻通考》載之，《五禮通考》載之），地理如顧祖禹之《州域形勢叙》（見《方輿紀要》首數卷，低一格者不必讀，高一格者可讀，其排列某州某郡無文氣者亦不必讀）。以上所選文，七篇三種，爾與紀鴻兒皆當手鈔熟讀，互相背誦。將來父子相見，余亦課爾等背誦也。

致紀鴻兒

同治二年八月初四日

諸女當孝順翁姑，敬事丈夫

接爾澄叔七月十八日信并爾寄澤兒一緘，知爾奉母于八月十九日起程來皖，并三女與羅婿一同前來。

現在金陵未復，皖省南北兩岸，群盜如毛，爾母及四女等姑嫂來此，并非久住之局。大女理應在袁家侍姑盡孝，本不應同來安慶，因榆生在此，故吾未嘗寫信阻大女之行。若三女與羅婿，則尤應在家事姑事母，尤可不必同來。余每見嫁女貪戀母家富貴而忘其翁姑者，其後必無好處。余家諸女，當教之孝順翁姑，敬事丈夫，慎無重母家而輕夫家，效澆俗小家之陋習也。三女夫婦若尚在縣城、省城一帶，盡可令之仍回羅家，奉母奉姑，不必來皖。若業已開行，勢難中途折回，則可同來安慶一次，小住一月二月，余再派人送歸。其陳婿與二女，計必在長沙相見，不可帶之同來。俟此間軍務大順，余寄信去接可也。

寄紀瑞侄

同治二年十二月十四日

勤儉立志，專心讀書

前接吾侄來信，字迹端秀，知近日大有長進。紀鴻奉母來此，詢及一切，知侄身體業已長成，孝友謹慎，至以爲慰。

吾家纍世以來，孝弟勤儉。輔臣公以上吾不及見，竟希公、星岡公皆未明即起，竟日無片刻暇逸。竟希公少時在陳氏宗祠讀書，正月上學，輔臣公給錢一百，爲零用之需。五月歸時，僅用去一文，尚餘九十八文還其父，其儉如此。星岡公當孫入翰林之後，猶親自種菜收糞。吾父竹亭公之勤儉，則爾等所及見也。

今家中境地雖漸寬裕，侄與諸昆弟切不可忘却先世之艱難，有福不可享盡，有勢不可使盡。『勤』字工夫，第一貴早起，第二貴有恒。『儉』字工夫，第一莫着華麗衣服，第二莫多用僕婢雇工。凡將相無種，聖賢豪杰亦無種，只要人肯立志，都可以做得到的。侄等處最順之境，當最富之年，明年又從最賢之師，但須立定志向，何事不可成？何人不可作？願吾侄早勉之也。

蔭生尚算正途功名，可以考御史。待侄十八九歲，即與紀澤同進京應考。然侄此際專心讀書，宜以八股、試帖爲要，不可專恃蔭生爲基，總以鄉試、會試能到榜前，益爲門户之光。

紀官聞甚聰慧，侄亦以『立志』二字，兄弟互相勸勉，則日進無疆矣。順問近好。

致紀鴻兒

同治三年七月初九日

蒙恩封賞，心內不安。在外需謙謹

余以二十五日至金陵，沅叔病已痊愈。二十八日戮洪秀全之尸，初六日將僞忠王正法。初八日接富將軍咨，余蒙恩封侯，沅叔封伯。余所發之摺，批旨尚未接到，不知同事諸公得何懋賞，然得五等者甚少。余借人之力以竊上賞，寸心不安之至。

爾在外，以『謙謹』二字爲主。世家子弟，門第過盛，萬目所屬。臨行時，教以『三戒』之首，末二條及力去『傲惰』二弊，當已牢記之矣。場前不可與州縣來往，不可送條子。進身之始，務知自重。酷熱尤須保養身體。此囑。

致紀鴻兒

做人要謙敬，交友要慎重

同治三年七月二十四日

余在金陵，與沅叔相聚二十五日，二十日登舟還皖，體中尚適。余與沅叔，蒙恩晋封侯伯，門户太盛，深爲祇懼。爾在省，以『謙敬』二字爲主，事事請問意臣、芝生兩姻叔，斷不可送條子，致騰物議。十六日出闈，十七八拜客，十九日即可回家。九月初在家聽榜信後，再起程來署可也。擇交是第一要事，須擇志趣遠大者。此囑。

致紀澤、紀鴻兒

同治四年閏五月初九日

婦女慎戒奢逸

爾等奉母在寓，總以『勤儉』二字自惕，而接物出以謙慎。凡世家之不勤不儉者，驗之于内眷而畢露。余在家，深以婦女之奢逸爲慮。爾二人立志撑持門户，亦宜自端内教始也。余身尚安，癬略甚耳。

致紀澤兒

同治四年閏五月十九日

鮮蔬適口，養生之宜

吾近夜飯不用葷菜，以肉湯炖蔬菜一二種，令其爛如臡，味美無比，必可以資培養（菜不必貴，適口則足養人），試炖與爾母食之（星岡公好于日入時手摘鮮蔬，以供夜餐。吾當時侍食，實覺津津有味。今則加以肉湯，而味尚不逮于昔時）。後輩則夜飯不葷，專食蔬而不用肉湯，亦養生之宜，且崇儉之道也。顏黄門（之推）《顏氏家訓》作于亂離之世，張文端（英）《聰訓齋語》作于承平之世，所以教家者極精。爾兄弟各覓一册，常常閲習，則日進矣。

致紀澤、紀鴻兒

同治四年六月初一日

氣勢，識度，情韵，趣味

爾寫信太短。近日所看之書，及領略古人文字意趣，盡可自攄所見，隨時質正。前所示『有氣則有勢，有識則有度，有情則有韵，有趣則有味』，古人絶好文字，大約于此四者之中必有一長。爾所閲古文，何篇于何者爲近，可放論而詳問焉。鴻兒亦宜常常具禀，自述近日工夫。此示。

致紀澤、紀鴻兒

同治四年七月初三日

熟讀陶詩，文貴氣勢

紀澤于陶詩之識度不能領會，試取《飲酒》二十首、《擬古》九首、《歸田園居》五首、《咏貧士》七首等篇，反復讀之。若能窺其胸襟之廣大，寄托之遥深，則知此公于聖賢豪杰皆已升堂入室。爾能尋其用意深處，下次試解説一二首寄來。

又問：『有一專長，是否須兼三者，乃爲合作？』此則斷斷不能。韓無陰柔之美，歐無陽剛之美，况于他人而能兼之？凡言兼衆長者，皆其一無所長者也。

鴻兒言此表範圍曲成，横竪相合，足見善于領會。至于純熟文字，極力揣摩固屬切實工夫，然少年文字，總貴氣象峥嶸，東坡所謂蓬蓬勃勃如釜上氣。古文如賈誼《治安策》、賈山《至言》、太史公《報任安書》、韓退之《原道》、柳子厚《封建論》、蘇東坡《上神宗書》，時文如黄陶庵、吕晚村、袁簡齋、曹寅谷，墨卷如《墨選觀止》《鄉墨精鋭》中所選兩排三迭之文，皆有最盛之氣勢。

爾當兼在氣勢上用功，無徒在揣摩上用功。大約偶句多，單句少，段落多，分股少，莫拘場屋之格式，短或三五百字，長或八九百字千餘字，皆無不可。雖係《四書》題，或用後世之史事，或論目今之時務，亦無不可。總須將氣勢展得開，筆仗使得强，乃不至于束縛拘滯，愈緊愈呆。

嗣後爾每月作五課揣摩之文，作一課氣勢之文。講揣摩者送師閱改，講氣勢者寄余閱改。『四象表』中，惟氣勢之屬『太陽』者，最難能而可貴。古來文人雖偏于彼三者，而無不在氣勢上痛下工夫。兩兒均宜勉之！此囑。

致紀澤兒

同治四年七月十三日

讀書貴有恒

《義山集》似曾批過，但所批無多。余于道光二十二、三、四、五、六等年，用胭脂圈批。唯余有丁刻《史記》（六套，在家否）、王刻《韓文》（在爾處）、程刻《韓詩》（最精本）、小本《杜詩》、康刻《古文辭類纂》（温叔帶回，霞仙借去）、《震川集》（在季師處）、《山谷集》（在黄恕皆家）首尾完畢，餘皆有始無終，故深以無恒爲憾。近年在軍中閱書，稍覺有恒，然已晚矣。故望爾等于少壯時，即從『有恒』二字痛下工夫，然須有情韵趣味，養得生機盎然，乃可歷久不衰。若拘苦疲困，則不能真有恒也。

致紀澤、紀鴻兒

同治四年八月二十一日

居住忌風俗華靡

余意不願在長沙住，以風俗華靡，一家不能獨儉。若另求僻靜處所，亦殊難得。不如即在金陵多住一年半載，亦無不可。

澤兒回湘，與兩叔父商，在附近二三十里覓一合式之屋，或尚可得。星岡公昔年思在牛欄大丘起屋，即鮎魚壩蕭祠間壁也。不知果可造屋，以終先志否？又油鋪里係元吉公屋，犁頭嘴係輔臣公屋，不知可買莊兑換或借住一二年否？富圫可移兑否？爾稟商兩叔，必可設法辦成。

致紀澤兒

同治四年九月初一日

既戒惱怒，又知節嗇

三十日成鴻綱到，接爾八月十六日禀。具悉爾十一後連日患病，十六日尚神倦頭眩，不知近已痊愈否？

吾于凡事，皆守『盡其在我，聽其在天』二語，即養生之道亦然。體强者，如富人因戒奢而益富；體弱者，如貧人因節嗇而自全。節嗇非獨食色之性也，即讀書用心，亦宜檢約，不使太過。余『八本匾』中，言養生以少惱怒爲本。又嘗教爾胸中不宜太苦，須活潑潑地，養得一段生機，亦去惱怒之道也。

既戒惱怒，又知節嗇，養生之道，已盡其在我者矣。此外壽之長短，病之有無，一概聽其在天，不必多生妄想去計較他。凡多服藥餌，求禱神祇，皆妄想也。吾于醫藥、禱祀等事，皆記星岡公之遺訓，而稍加推闡，教示後輩，爾可常常與家中內外言之。

致紀澤、紀鴻兒

同治四年九月晦日

常覽《聰訓齋語》

上次函示以節嗇之道，用心宜約，爾曾體驗否？張文端公（英）所著《聰訓齋語》，皆教子之言。其中言養身、擇友、觀玩山水花竹，純是一片太和生機，爾宜常常省覽。鴻兒體亦單弱，亦宜常看此書。吾教爾兄弟不在多書，但以聖祖之《庭訓格言》（家中尚有數本）、張公之《聰訓齋語》（莫宅有之，申夫又刻于安慶）二種爲教，句句皆吾肺腑所欲言。

以後在家則蒔養花竹，出門則飽看山水，環金陵百里内外，可以遍游也。算學書切不可再看，讀他書亦以半日爲率。未刻以後，即宜歇息游觀。古人以懲忿窒欲爲養生要訣，『懲忿』即吾前信所謂少惱怒也，『窒欲』即吾前信所謂知節嗇也。因好名好勝而用心太過，亦欲之類也。藥雖有利，害亦隨之，不可輕服。切囑！

致紀鴻兒

同治五年正月十八日

學書之道

爾學柳帖《琅邪碑》，效其骨力，則失其結構；有其開張，則無其捖搏。古帖本不易學，然爾學之尚不過旬日，焉能衆美畢備，收效如此神速？

余昔學顏柳帖，臨摹動輒數百紙，猶且一無所似。余四十以前在京所作之字，骨力間架皆無可觀，余自愧而自惡之。四十八歲以後，習李北海《岳麓寺碑》，略有進境，然業歷八年之久，臨摹已過千紙。今爾用功未滿一月，遂欲遽躋神妙耶？余于凡事皆用困知勉行工夫，爾不可求名太驟，求效太捷也。

以後每日習柳字百個，單日以生紙臨之，雙日以油紙摹之。臨帖宜徐，摹帖宜疾，專學其開張處。數月之後，手愈拙，字愈醜，意興愈低，所謂困也。困時切莫間斷，熬過此關，便可少進。再進再困，再熬再奮，自有亨通精進之日。不特習字，凡事皆有極困極難之時，打得通的，便是好漢。

余所責爾之功課，并無多事，每日習字一百，閱《通鑒》五葉，誦熟書一千字（或經書，或古文、古詩，或八股、試帖。從前讀書，即爲熟書，總以能背誦爲止，總宜高聲朗誦），三八日作一文一詩。此課極簡，每日不過兩個時辰即可完畢，而看、讀、寫、作四者俱全。餘則聽爾自爲主張可也。

致紀鴻兒

同治五年正月二十四日

專于八股試帖

爾出外二年有奇，詩文全無長進，明年鄉試，不可不認真講求八股、試帖。吾鄉難尋明師，長沙書院亦多游戲徵逐之習，吾不放心。爾至安黄後，可與方存之、吴摯甫同伴，由六安州坐船至周家口，隨我大營讀書。李申夫于八股、試帖最善講説，據渠論及，不過半年，即可使聽者歡欣鼓舞，機趣洋溢而不能自已。爾到營後，弃去一切外事，即看《鑒》、臨帖、算學等事皆當輟捨，專在八股、試帖上講求。丁卯六月回籍鄉試，得不得雖有命定，但求試卷不爲人所譏笑，亦非一年苦功不可。

致紀澤、紀鴻兒

同治五年二月二十五日

清静調養，不輕服藥

老年來始知聖人教孟武伯問孝一節之真切。爾雖體弱多病，然只宜清静調養，不宜妄施攻治。

莊生云：『聞在宥天下，不聞治天下也。』東坡取此二語，以爲養生之法。爾熟于小學，試取『在宥』二字之訓詁體味一番，則知莊、蘇皆有順其自然之意。養生亦然，治天下亦然。若服藥而日更數方，無故而終年峻補，疾輕而妄施攻伐强求發汗，則如商君治秦、荆公治宋，全失自然之妙。柳子厚所謂『名爲愛之，其實害之』，陸務觀所謂『天下本無事，庸人自擾之』，皆此義也。

東坡《游羅浮》詩云：『小兒少年有奇志，中宵起坐存《黄庭》。』下一『存』字，正合莊子『在宥』二字之意。蓋蘇氏兄弟父子皆講養生，竊取黄老微旨，故稱其子爲『有奇志』。以爾之聰明，豈不能窺透此旨？余教爾從眠、食二端用功，看似粗淺，却得自然之妙。爾以後不輕服藥，自然日就壯健矣。

余以十九日至濟寧，即聞河南賊匪圖竄山東，暫駐此間，不遽赴豫。賊于二十二日已入山東曹縣境，余調朱星檻三營來濟護衛，騰出潘軍赴曹攻剿。須俟賊出齊境，余乃移營西行也。

爾侍母西行，宜作還里之計，不宜留連鄂中。仕宦之家，往往貪戀外省，輕弃其鄉，目前之快意甚少，將來之受累甚大。吾家宜力矯此弊。餘不悉。

致紀澤、紀鴻兒

勤、儉、剛、明、忠、恕、謙、渾八德

同治五年三月十四夜

雪琴之坐船已送到否？三月十七果成行否？沿途州縣有送迎者，除不受禮物酒席外，爾兄弟遇之，須有一種謙謹氣象，勿恃其清介而生傲惰也。余近年默省之勤、儉、剛、明、忠、恕、謙、渾八德，曾爲澤兒言之，宜轉告與鴻兒。就中能體會一二字，便有日進之象。澤兒天質聰穎，但嫌過于玲瓏剔透，宜從『渾』字上用些工夫，鴻兒則從『勤』字上用些工夫。用工不可拘苦，須探討些趣味出來。

致紀澤、紀鴻兒

同治五年四月二十五日

應科場需切實用功

富托房屋如未修完，即在大夫第借住。紀鴻即留鄂署讀書。世家子弟，既爲秀才，斷無不應科場之理。既入科場，恐詩文爲同人及內外簾所笑，斷不可不切實用功。科六與黄宅生先生若來湖北，紀鴻宜從之講求八股。湖北有胡東谷，是一時文好手，此外尚有能手否？爾可稟商沅叔，擇一善講者而師事之。

致紀澤、紀鴻兒

同治五年五月十一夜

熟讀《仁在堂稿》

鴻兒與瑞侄一同讀書，請黃宅生先生看文，恰與吾前信之意相合。屢聞近日精于舉業者，言及陝西路閏生先生（德）《仁在堂稿》及所選仁在堂試帖、律賦、課藝，無一不當行出色，宜古宜今。余未見此書，僅見其所著《檉華館試帖》，久爲佩仰。陝西近三十年科第中人，無不出閏生先生之門，湖北官員中想亦有之。紀鴻與瑞侄等須買《仁在堂全稿》《檉華館試帖》，悉心揣摩，如武漢無可購買，或摺差由京買回亦可。

鴻兒信中擬專讀唐人詩文。唐詩固宜專讀，唐文除韓、柳、李、孫外，幾無一不四六者，亦可不必多讀。明年鄉試，鴻、瑞兩人宜專攻八股試帖。選《仁在堂》中佳者，讀必手鈔，熟必背誦。爾信中言須能背誦乃讀他篇，苟能踐言，實良法也。讀《樫華館試帖》，亦以背誦爲要。對策不可太空。鴻、瑞二人可將《文獻通考》序二十五篇讀熟，限五十日讀畢，終身受用不盡。既在鄂讀書，不必來營省覲矣。

致紀澤、紀鴻兒

同治五年五月二十五日

夜夜洗脚，不輕服藥

紀澤于看書等事，似有過人之聰明，而于醫藥等事，似又有過人之愚蠢。即如汗者，心之精液，古人以與精血并重。養生家惟恐出汗，有傷元氣。澤兒則傷風初至即求發汗，傷風將愈尚求大汗。屢汗元氣焉得不傷？腠理焉得不疏？又如服藥以達榮衛，有似送信以達軍營：治標病者似送百里之信，隔日乃有回信；治本病者似送三五百里之信，經旬乃有回信。澤兒則日更數方，譬之辰刻送信百里，午刻未回又换一信，酉刻未回再换一令。號令數更，軍營將安所適從？方劑屢改，臟腑安所聽命？

以後于己病、母病，宜切記此二事。即沅叔脚上濕毒，亦宜戒克伐之劑，禁屢换之方。余近年學祖父星岡公夜夜洗脚，不輕服藥，日見康强。爾與沅叔及諸昆弟能學之否？

紀鴻、紀瑞力攻八股試帖并兼學經策

宋生香先生文筆圓熟，盡可從游。鴻兒之文筆太平直，全無揺意，明年下場，深恐爲同輩所笑。自六月以後，爾與紀瑞將各項工課漸停，專攻八股試帖，兼學經策。每月寄文六篇來營，斷不可少。但求詩文略有可觀，不使人譏爾兄弟案首是送情的，則余心慰矣。

與四弟國潢書

同治五年六月初五日

養生五法

養身之法約有五事：一曰眠食有恒，二曰懲忿，三曰節欲，四曰每夜臨睡洗脚，五曰每日兩飯後各行三千步。懲忿，即余匾中所謂養身以少惱怒爲本也。眠食有恒及洗脚二事，星岡公行之四十年，余亦學行有七年矣。飯後三千步近日試行，自矢永不間斷。弟從前勞苦太久，年近五十，願將此五事立志行之，并勸沅弟與諸子侄行之。

余與沅弟同時封爵開府，門庭可謂極盛，然非可常恃之道。記得己亥正月，星岡公訓竹亭公曰：『寬一雖點翰林，我家仍靠作田爲業，不可靠他吃飯。』此語最有道理，今亦當守此二語爲命脉。望吾弟專在作田上用些工夫，而輔之以書、蔬、魚、猪、早、掃、考、寶八字，任憑家中如何貴盛，切莫全改道光初年之規模。

凡家道所以可久者，不恃一時之官爵，而恃長遠之家規；不恃一二人之驟發，而恃大衆之維持。我若有福罷官回家，當與弟竭力維持。老親舊眷、貧賤族黨不可怠慢，待貧者亦與富者一般，當盛時預作衰時之想，自有深固之基矣。

致紀澤、紀鴻兒

同治五年六月十六日

協修家鄉縣志

唐文李、孫二家，係指李翺、孫樵。『八家』始于唐荆川之《文編》，至茅鹿門而其名大定，至儲欣同人而添孫、李二家。御選《唐宋文醇》亦從儲而增爲十家。以全唐皆尚駢儷之文，故韓、柳、李、孫四人之不駢者爲可貴耳。

湘鄉修縣志，舉爾纂修。爾學未成，就文甚遲鈍，自不宜承認，然亦不可全辭。一則通縣公事，吾家爲物望所歸，不得不竭力贊助；二則爾憚于作文，正可借此逼出幾篇。天下事，無所爲而成者極少，有所貪、有所利而成者居其半，有所激、有所逼而成者居其半。爾篆韵抄畢，宜從古文上用功。余不能文，而微有文名，深以爲耻。爾文更淺，而亦獲虚名，尤不可也。或請本縣及外縣之高手爲撰修，而爾爲協修。

吾友有山陽魯一同通父，所撰《邳州志》《清河縣志》（下次專人寄回），即爲近日志書之最善者。此外再取有名之志爲式，議定體例，俟余核過，乃可動手。

致紀澤、紀鴻兒

同治五年六月二十六日

男子講求耕讀，婦女講求紡績酒食

吾家門第鼎盛，而居家規模禮節，總未認真講求。歷觀古來世家久長者，男子須講求耕讀二事，婦女須講求紡績酒食二事。《斯干》之詩，言帝王居室之事，而女子重在酒食是議。《家人》卦，以二爻爲主，重在中饋。《内則》一篇，言酒食者居半。故吾屢教兒婦諸女親主中饋，後輩視之，若不要緊。此後還鄉居家，婦女縱不能精于烹調，必須常至廚房，必須講求作酒作醯醢小菜換茶之類。爾等亦須留心于蒔蔬養魚。此一家興旺氣象，斷不可忽。紡績雖不能多，亦不可間斷。大房唱之，四房皆和之，家風自厚矣，至囑至囑！

與四弟國潢書

同治五年七月初六日

處此時世，總以錢少産薄爲妙

六月六日彭芳四送一家信，想已接到。久未接弟信，惟沅弟寄弟五月底信，言哥老會一事，粗知近況。吾鄉他無足慮，惟散勇回籍者太多，恐其無聊生事，不獨哥老會一端而已。又米糧酒肉百物昂貴，較之徐州、濟寧等處數倍，人人難于度日，亦殊可慮。

余意吾兄弟處此時世，居此重名，總以錢少産薄爲妙。一則平日免于覬覦，倉卒免于搶掠；二則子弟略見窘狀，不至一味奢侈。紀澤母子八月即可回湘，一切請弟照料。『早、掃、考、寶、書、蔬、魚、猪』八字，是吾家歷代規模。吾自嘉慶末年至道光十九年，見王考星岡公日日有常，不改此度。

不信醫藥、地仙、和尚、師巫、禱祝等事，亦弟所一一親見者。吾輩守得一分，則家道多保得幾年，望弟督率紀澤及諸侄切實行之。富托木器不全，請弟爲我買木器，約值三百金爲率。但求堅實，不尚雕鏤，漆水却須略好，乃可經久。屋宇不尚華美，却須多種竹柏，多留菜園，即占去田畝，亦自無妨。

致紀澤、紀鴻兒

同治五年七月二十日

既宜保養，又要勤勞

余近來衰態日增，眼光益蒙，然每日諸事有恒，未改常度。爾等身體皆弱，前所示養生五訣，已行之否？澤兒當添「不輕服藥」一層，共六訣矣。既知保養，却宜勤勞。家之興衰，人之窮通，皆于勤惰卜之。澤兒習勤有恒，則諸弟七八人皆學樣矣。鴻兒來稟太少，以後半月寫稟一次。澤兒六月初三日稟亦嫌太短，以後可泛論時事，或論學業也。此諭。

同治五年九月初九日

致紀澤、紀鴻兒

將才貴在有志氣

淮勇不足恃，余亦久聞此言，然物論悠悠，何足深信。所貴好而知其惡，惡而知其美。省三、琴軒均屬有志之士，未可厚非。申夫好作識微之論，而實不能平心細察。余所見將才，杰出者極少，但有志氣，即可予以美名而獎成之。

致紀澤、紀鴻兒

同治五年九月十七日

難任艱巨，難免謗議

余病大致已好，惟不甚能用心。自度難任艱巨，已于十三日具片續假一月，將來請開各缺。縱不能離營調養，但求事權稍小，責任稍輕，即爲至幸。欲求平捻功成從容引退，殆恐不能，即求免于謗議，亦不能也。捻匪竄過沙河、賈魯河之北，不知已入鄂境否？若鴻兒尚未回湘，目下亦不必來周口，恐中途適與賊遇。

鹽薑頗好，所作椿麩子醢菜亦好。家中外須講求蒔蔬，内須講求曬小菜。此足驗人家之興衰，不可忽也。此諭。

致紀澤兒

同治五年十月十一日

讀書寫字，需學大家

爾讀李義山詩，于情韵既有所得，則將來于六朝文人詩文，亦必易于契合。

凡大家、名家之作，必有一種面貌、一種神態，與他人迥不相同。譬之書家，羲、獻、歐、虞、褚、李、顏、柳，一點一畫，其面貌既截然不同，其神氣亦全無似處。本朝張得天、何義門雖稱書家，而未能盡變古人之貌。故必如劉石庵之貌异神异，乃可推爲大家。詩文亦然。若非其貌其神迥絶群倫，不足以當大家之目。渠既迥絶群倫矣，而後人讀之，不能辨識其貌，領取其神，是讀者之見解未到，非作者之咎也。爾以後讀古文古詩，惟當先認其貌，後觀其神，久之自能分別蹊徑。今人動指某人學某家，大抵多道聽途説、扣槃捫燭之類，不足信也。君子貴于自知，不必隨衆口附和也。

余病已大愈，尚難用心，日内當奏請開缺。近作古文二首，亦尚入理，今冬或可再作數首。

唐鏡海先生没時，其世兄求作墓志，余已應允，久未動筆，并將節略失去。爾向唐家或賀世兄處（蔗農先生子，鏡海丈婿也），索取行狀節略寄來。羅山文集年譜未帶來營，亦向易芝生先生（渠求作碑甚切）索一部付來，以便作碑，一償夙諾。

致紀澤兒

同治五年十月二十六日

家中書籍，專人料理

鴻兒少不更事，欲令爾于十一月十五以後自家來營，隨侍進京。爾近日身體强壯否？接爾復禀，果有起行來豫定期，余即令紀鴻由豫回湘。鴻抵湘鄉過年，爾抵周口過年，中途可約于鄂署一會。

余近無他苦，惟腰疼畏寒，夜不成寐。群疑衆謗之際，此心不無介介。然回思邇年行事，無甚差謬，自反而縮，不似丁冬戊春之多悔多愁也。到京後，仍當具疏請開各缺，惟以散員留營維繫軍心，擔荷稍輕。爾兄弟輪流侍奉，軍務鬆時，請假回籍省墓一次，亦足以娱暮景。紀鴻在此體氣甚好，心思亦似開朗，惜不能久侍，當令其回家事母耳。

再，爾體弱，今年行路太多，如自覺難吃辛苦，即不來侍奉進京，亦不强也（稟商爾母及澄叔議定回信）。若來，則帶吴文煜來清檢書籍。家中書籍，亦須請一人專爲料理，否則傷濕傷蟲，或在省城書賈中找之。

同治五年十一月初三日

致紀澤兒

家中興衰，在于内政整散

二十六日寄去一信，令爾于臘月來營，侍余正月進京。繼又念爾體氣素弱，甫經到家，又行由豫入都，馳驅太勞。且余在京不過半月兩旬，爾不隨侍亦無大損，而富托新造家室，爾不在家即有所損。茲再寄一信，止爾之行。爾仍居家侍母，經營一切，臘月不必來營，免余惦念。

余定于正初北上，頃已附片復奏抄閱。届時鴻兒隨行，二月回豫，鴻兒三月可還湘也。余決計此後不復作官，亦不作回籍安逸之想，但在營中照料雜事，維繫軍心。不居大位享大名，或可免于大禍大謗，若小小凶咎，則亦聽之而已。

余近日身體頗健，鴻兒亦發胖。家中興衰，全繫乎內政之整散。爾母率二婦諸女，于酒食紡績二事，斷不可不常常勤習。目下官雖無恙，須時時作罷官衰替之想，至囑至囑！

同治五年十一月十八日

致紀澤兒

若能善曉酣眠，膽怯等症自去

紀鴻在此體氣甚好，月餘未令作文，聽其瀟灑閑適，一暢天機，臘月當令與葉甥開課作文。爾膽怯等症，由于陰虧，朱子所謂『氣清者魄恒弱』，若能善曉酣眠，則此症自去矣。

致紀澤兒

同治五年十一月二十六日

不可敬遠親而慢近鄰

本日摺差回營，十三日又有滿御史參劾，奉有明發諭旨，茲鈔回一閱……余擬再具數疏婉辭，必期盡開各缺而後已。將來或再奉入覲之旨，亦未可知。

爾在家料理家政，不復召爾來營隨侍矣。李申夫之母嘗有二語云：『有錢有酒款遠親，火燒盜搶喊四鄰』，戒富貴之家不可敬遠親而慢近鄰也。我家初移富托，不可輕慢近鄰，酒飯宜鬆，禮貌宜恭。或另請一人款待賓客亦可。除不管閑事、不幫官司外，有可行方便之處，亦無吝也。

致歐陽夫人

同治五年十二月初一日

盡心家政，敬待小叔

家中遇祭酒菜，必須夫人率婦女親自經手。祭祀之器皿，另作一箱收之，平日不可動用。內而紡績、做小菜，外而蔬菜、養魚，款待人客，夫人均須留心。吾夫婦居心行事，各房及子孫皆依以爲榜樣，不可不勞苦，不可不謹慎。

近在京買參，每兩去銀二十五金，不知好否？茲寄一兩與夫人服之。澄叔待兄與嫂極誠極敬，我夫婦宜以誠敬待之，大小事絲毫不可瞞他，自然愈久愈親。此問近好。

致紀澤兒

同治五年十二月二十三日

莫作代代做官之想，須作代代做士民之想

余自奉回兩江本任之命，十七、初三日兩次具疏堅辭，皆未俞允，訓詞肫摯，只得遵旨暫回徐州，接受關防，令少泉得以迅赴前敵，以慰宸廑。茲將初九日寄諭、二十一日奏稿抄寄家中一閱。余自揣精力日衰，不能多閱文牘，而意中所欲看之書，又不肯全行割弃，是以决計不爲疆吏，不居要任。兩三月内，必再專疏懇辭。

軍務極爲棘手。二十一日有一軍情片，二十二日有與沅叔信，茲抄去一閱。

朱金權利令智昏，不耐久坐，余在徐州已深知之。今年既請彭芳六照管書籍、款接人客，應將朱金權辭絶之，并請澄叔專信辭謝，乃有憑據。

余近作書箱，大小如何廉舫八箱之式。前後用横板三塊，如吾鄉倉門板之式。四方上下皆有方木爲柱爲匡，預底及兩頭用板裝之。出門則以繩絡之而可挑，在家則以架乘之而可纍兩箱三箱四箱不等。開前倉板則可作櫃，并開後倉板則可過風。當作一小者送回，以爲式樣。吾縣木作最好而賤，爾可照樣作數十箱，每箱不過費錢數百文。讀書乃寒士本業，切不可有官家風味。吾于書箱及文房器具，但求爲寒士所能備者，不求珍异也。家中新居富托，一切須存此意，莫作代代做官之想，須作代代做士民之想。門外挂匾，不可寫『侯府』『相府』字樣。天下多難，此等均未必可靠，但挂『宫太保第』一匾而已。

致紀澤兒

同治六年三月二十二日

詩有詼詭之趣、閑適之趣

爾七律十五首，圓適深穩，步趨義山，而勁氣倔强處頗似山谷。爾于情韵、趣味二者，皆由天分中得之。凡詩文趣味，約有二種：一曰詼詭之趣，一曰閑適之趣。詼詭之趣，惟莊、柳之文，蘇、黄之詩，韓公詩文，皆極詼詭。此外實不多見。閑適之趣，文惟柳子厚游記近之，詩則韋、孟、白傅均極閑適。而余所好者，尤在陶之五古、杜之五律、陸之七絶，以爲人生具此高淡襟懷，雖南面王不以易其樂也。爾胸懷頗雅淡，試將此三人之詩研究一番，但不可走入孤僻一路耳。

致紀澤兒

同治六年三月二十八日

于長輩事不宜妄生意氣

爾信中述左帥密劾次青，又與鴻兒信言閩中謡歌之事，恐均不確。余聞少泉言及閩紳公禀留左帥，幼丹實不與聞，特因官階最大，列渠首銜。左帥奏請幼丹督辦輪船廠務，幼已堅辭，見諸廷寄矣。余于左、沈二公之以怨報德，此中誠不能無芥蒂，然老年篤畏天命，力求克去褊心忮心。爾輩少年，尤不宜妄生意氣，于二公但不通聞問而已，此外着不得絲毫意見，切記切記！

爾禀氣太清，清則易柔，惟志趣高堅，則可變柔爲剛；清則易刻，惟襟懷閑遠，則可化刻爲厚。余字汝曰劼剛，恐其稍涉柔弱也。教汝讀書須具大量，看陸詩以導閑適之抱，恐其稍涉刻薄也。爾天性淡于榮利，再從此二事用功，則終身受用不盡矣。

致歐陽夫人

同治六年五月初五日午刻

居官是偶然之事，居家乃長久之計

余精力日衰，總難多見人客。算命者常言十一月交癸運，即不吉利。余亦不願久居此官，不欲再接家眷東來。夫人率兒婦輩在家，須事事立個一定章程。居官不過偶然之事，居家乃是長久之計。能從勤儉耕讀上做出好規模，雖一旦罷官，尚不失爲興旺氣象。若貪圖衙門之熱鬧，不立家鄉之基業，則罷官之後，便覺氣象蕭索。凡有盛必有衰，不可不預爲之計。望夫人教訓兒孫婦女，常常作家中無官之想，時時有謙恭省儉之意，則福澤悠久，余心大慰矣。

致紀澤兒

同治八年二月十八日

視兒女不可過于嬌貴，宜聽其自然

初八日紀鴻接爾正月二十七日信，知三孫女乾秀殤亡，殊爲感惱，知爾夫婦尤傷懷也。然吾觀兒女多少成否，絲毫皆有前定，絕非人力所可强求。故君子之道，以知命爲第一要務，不知命無以爲君子也。爾之天分甚高，胸襟頗廣，而于兒女一事，不免沾滯之象。吾觀鄉里貧家兒女，愈看得賤愈易長大；富户兒女，愈看得嬌愈難成器。爾夫婦視兒女過于嬌貴。柳子厚《郭橐駝傳》所謂『旦視而暮撫』『爪膚而摇本』者，愛之而反以害之。彼謂養樹通于養民，吾謂養樹通于養兒，爾與冢婦宜深曉此意。莊子每説委心任運聽其自然之道，當令人讀之首肯，思之發㊁。東坡有目疾不肯醫治，引《莊子》曰：『聞在宥天下，不聞治天下也。㊂』吾家自爾母以下皆好吃藥，爾宜深明此理，而漸漸勸諫止之。

遺囑

同治九年正月初三、四日

余即日前赴天津，查辦毆斃洋人、焚毁教堂一案。外國性情凶悍，津民習氣浮囂，俱難和協。將來構怨興兵，恐致激成大變。余此行反復籌思，殊無良策。余自咸豐三年募勇以來，即自誓效命疆場，今老年病軀，危難之際，斷不肯吝于一死，以自負其初心。恐邂逅及難，而爾等諸事無所禀承，兹略示一二，以備不虞。

余若長逝，靈柩自以由運河搬回江南歸湘爲便，中間雖有臨清至張秋一節須改陸路，較之全行陸路者差易。去年由海船送來之書籍、木器等過于繁重，斷不可全行帶回，須細心分别去留。可送者分送，可毁者焚毁，其必不可弃者乃行帶歸，毋貪瑣物而花途費。其在保定自製之木器，全行分送。沿途謝絶一切，概不收禮，但水陸略求兵勇護送而已。

余歷年奏摺，令夏吏擇要鈔録，今已鈔一多半，自須全行擇鈔。鈔畢後存之家中，留于子孫觀覽，不可發刻送人，以其間可存者絶少也。

余所作古文，黎蒓齋鈔録頗多，頃渠已照鈔一分寄余處存稿。此外黎所未鈔之文，寥寥無幾，尤不可發刻送人。不特篇帙太少，且少壯不克努力，志亢而才不足以副之，刻出適以彰其陋耳。如有知舊勸刻余集者，婉言謝之可也，切囑切囑！

余生平略涉儒先之書，見聖賢教人修身，千言萬語，而要以不忮不求爲重。忮者，嫉賢害能，妒功争寵，所謂『怠者不能修，忌者畏人修』之類也。求者，貪利貪名，懷土懷惠，所謂『未得患得，既得患失』之類也。怯不常見，每發露于名業相侔、勢位相埒之人；求不常見，每發露于貨財相接、仕進相妨之際。將欲造福，先去忮心，所謂『人能充無欲害人之心，而仁不可勝用』也。將欲立品，先去求心，所謂『人能充無穿窬之心，而義不可勝用』也。忮不去，滿懷皆是荆棘；求不去，滿腔日即卑污。余于此二者常加克治，恨尚未能掃除净盡。爾等欲心地乾净，宜于此二者痛下工夫，并願子孫世世戒之。附作《怯求詩》二首録後。

歷覽有國有家之興，皆由克勤克儉所致，其衰也則反是。余生平亦頗以『勤』字自勵，而實不能勤，故讀書無手鈔之册，居官無可存之牘。生平亦好以『儉』字教人，而自問實不能儉。今署中内外服役之人，厨房日用之數，亦云奢矣。其故由于前在軍營，規模宏闊，相沿未改，近因多病，醫藥之資，漫無限制。自儉入奢，易于下水，由奢反儉，難于登天。在兩江交卸時尚存養廉二萬金。在余初意，不料有此，然似此放手用去，轉瞬即已立盡。爾輩以後居家，須學陸梭山之法，每月用銀若干兩，限一成數，另封秤出。本月用畢，只准贏餘，不准虧欠。衙門奢侈之習，不能不徹底痛改。余初帶兵之時，立志不取軍營之錢以自肥其私，今日差幸不負始願。然亦不願子孫過于貧困，低顏求人。惟在爾輩力崇儉德，善持其後而已。

孝友爲家庭之祥瑞。凡所稱因果報應，他事或不盡驗，獨孝友則立獲吉慶，反是則立獲殃禍，無不驗者。吾早歲久宦京師，于孝養之道多疏，後來展轉兵間，多獲諸弟之助，而吾毫無裨益于諸弟。余兄弟姊妹各家，均有田宅之安，大抵皆九弟扶助之力。我身歿之後，爾等事兩叔如父，事叔母如母，視堂兄弟如手足。凡事皆從省嗇，獨待諸叔之家則處處從厚，待堂兄弟以德業相勸、過失相規，期于彼此有成，爲第一要義。其次則親之欲其貴，愛之欲其富，常常以吉祥善事代諸昆季默爲禱祝，自當神人共欽。温甫、季洪兩弟之死，余内省覺有慚德。澄侯、沅甫兩弟漸老，余此生不審能否相見。爾輩若能從『孝友』二字切實講求，亦足爲我彌縫缺憾耳。

附忮求詩二首

善莫大于恕，德莫凶于妒。

妒者妾婦行，瑣瑣奚比數。

己拙忌人能，己塞忌人遇。

己若無事功，忌人得成務。

己若無黨援，忌人得多助。
勢位苟相敵，畏逼又相惡。
己無好聞望，忌人文名著。
己無賢子孫，忌人後嗣裕。
争名日夜奔，争利東西鶩。
但期一身榮，不惜他人污。
聞灾或欣幸，聞禍或悦豫。
問渠何以然？不自知其故。
爾室神來格，高明鬼所顧。
天道常好還，嫉人還自誤。
幽明叢詬忌，乖氣相回互。

重者灾汝躬，輕亦減汝祚。
我今告後生，悚然大覺寤。
終身讓人道，曾不失寸步。
終身祝人善，曾不損尺布。
消除嫉妒心，普天零甘露。
家家獲吉祥，我亦無恐怖。
右不忮。
知足天地寬，貪得宇宙隘。
豈無過人姿，多欲爲患害。
在約每思豐，居困常求泰。

富求千乘車，貴求萬釘帶。
未得求速償，既得求勿壞。
芬馨比椒蘭，磐固方泰岱。
求榮不知饜，志亢神愈忲。
歲燠有時寒，日明有時晦。
時來多善緣，運去生灾怪。
諸福不可期，百殃紛來會。
片言動招尤，舉足便有礙。
戚戚抱殷憂，精爽日凋瘵。
矯首望八荒，乾坤一何大。
安榮無遽欣，患難無遽憝。

君看十人中，八九無倚賴。
人窮多過我，我窮猶可耐。
而況處夷途，奚事生嗟慨？
于世少所求，俯仰有餘快。
俟命堪終古，曾不願乎外。
右不求。

致紀澤兒

同治九年六月十一日

清心寡欲以養其内，散步習射以勞其外

爾病小愈，爲之一慰。然吃飯、出恭二事，生人之定理，爾二事與人迥殊，余每以爲慮。目下亦無它法，惟清心寡欲以養其内，散步習射以勞其外，病見則服薑、附等藥治之，病退則藥即止。如是而已。

致紀澤、紀鴻兒

同治九年十一月初二、三日

日課四條：慎獨，主敬，求仁，習老

一曰慎獨則心安

自修之道，莫難于養心。心既知有善、知有惡，而不能實用其力，以爲善去惡，則謂之自欺。方寸之自欺與否，蓋他人所不及知，而己獨知之。故《大學》之『誠意』章，兩言慎獨。果能好善如好好色，惡惡如惡惡臭，力去人欲，以存天理，則《大學》之所謂『自慊』，《中庸》之所謂『戒慎恐懼』，皆能切實行之。即曾子之所謂『自反而縮』，孟子之所謂『仰不愧』『俯不怍』，所謂養心莫善于寡欲，皆不外乎是。故能慎獨，則内省不疚，可以對天地、質鬼神，斷無行有不慊于心

則餒之時。人無一內愧之事，則天君泰然。此心常快足寬平，是人生第一自强之道，第一尋樂之方，守身之先務也。

二曰主敬則身强

『敬』之一字，孔門持以教人，春秋士大夫亦常言之，至程朱則千言萬語不離此旨。內而專静純一，外而整齊嚴肅，『敬』之工夫也；出門如見大賓，使民如承大祭，『敬』之氣象也；修己以安百姓，篤恭而天下平，『敬』之效驗也。程子謂上下一于恭敬，則天地自位，萬物自育，氣無不和，四靈畢至。聰明睿智，皆由此出。以此事天饗帝，蓋謂敬則無美不備也。

吾謂『敬』字切近之效，尤在能固人肌膚之會、筋骸之束。莊敬日强，安肆日偷，皆自然之徵應。雖有衰年病軀，一遇壇廟祭獻之時，戰陣危急之際，亦不覺神爲之悚，氣爲之振，斯足知敬能使人身强矣。若人無衆寡，事無大小，一一恭敬，不敢懈慢，則身體之强健，又何疑乎？

三曰求仁則人悦

凡人之生，皆得天地之理以成性，得天地之氣以成形。我與民物，其大本乃同出一源。若但知私己，而不知仁民愛物，是于大本一源之道已悖而失之矣。至于尊官厚禄，高居人上，則有拯民溺救民飢之責；讀書學古，粗知大義，即有覺後知覺後覺之責。若但知自了，而不知教養庶彙，是于天之所以厚我者辜負甚大矣。

孔門教人，莫大于求仁，而其最切者，莫要于『欲立立人、欲達達人』數語。立者自立不懼，如富人百物有餘，不假外求；達者四達不悖，如貴人登高一呼，群山四應。人孰不欲己立己達？若能推以立人達人，則與物同春矣。

後世論求仁者，莫精于張子之《西銘》。彼其視民胞物與，宏濟群倫，皆事天者性分當然之事。必如此，乃可謂之人；不如此，則曰悖德，曰賊。誠如其説，則雖盡立天下之人，盡達天下之人，而曾無善勞之足言，人有不悦而歸之者乎？

四曰習勞則神欽

凡人之情，莫不好逸而惡勞；無論貴賤智愚老少，皆貪于逸而憚于勞，古今之所同也。人一日所着之衣、所進之食，與一日所行之事、所用之力相稱，則旁人韙之，鬼神許之，以爲彼自食其力也。若農夫織婦終歲勤動，以成數石之粟、數尺之布；而富貴之家終歲逸樂，不營一業，而食必珍羞，衣必錦綉，酣豢高眠，一呼百諾，此天下最不平之事，鬼神所不許也，其能久乎？

古之聖君賢相，若湯之昧旦丕顯，文王日昃不遑，周公夜以繼日、坐以待旦，蓋無時不以勤勞自勉。《無逸》一篇，推之于勤則壽考，逸則夭亡，歷歷不爽。爲一身計，則必操習技藝，磨煉筋骨，困知勉行，操心危慮，而後可以增智慧而長才識；爲天下計，則必己飢己溺，一夫不獲，引爲餘辜。大禹之周乘四載，過門不入，墨子之摩頂放踵，以利天下，皆極儉以奉身，而極勤以救民。故荀子好稱大禹、墨翟之行，以其勤勞也。

軍興以來，每見人有一材一技、能耐艱苦者，無不見用于人，見稱于時。其絕無材技、不慣作勞者，皆唾弃于時，飢凍就斃。故勤則壽，逸則夭；勤則有材而見用，逸則無能而見弃；勤則博濟斯民而神祇欽仰，逸則無補于人而神鬼不歆。是以君子欲爲人神所憑依，莫大于習勞也。

余衰年多病，目疾日深，萬難挽回。汝及諸侄輩，身體强壯者少。古之君子，修己治家，必能心安身强而後有振興之象，必使人悦神欽而後有騈集之祥。今書此四條，老年用自儆惕，以補昔歲之愆。并令二子各自勖勉，每夜以此四條相課，每月終以此四條相稽，仍寄諸侄共守，以期有成焉。

致紀澤、紀鴻兒

同治十年八月二十五夜

養生之法：每夜洗脚，飯後千步

養生無甚可恃之法，其確有益者，曰每夜洗脚，曰飯後千步，曰黎明吃白飯一碗，不沾點菜，曰射有常時，曰静坐有常時。紀澤脾不消化，此五事中能做得三四事，即勝于吃藥。紀鴻及杏生等亦可酌做一二事。余僅辦洗脚一事，已覺大有裨益。